Eduardo Camino

Hablar a los jóvenes de Dios

Desde la fragilidad, el grupo, la autenticidad y la alegría

SEKOTIA

© Eduardo Camino, 2023
© Editorial Almuzara, s.l., 2023

Primera edición: marzo de 2023

Editorial Almuzara • Colección Reflejos de Actualidad
Editor: Humberto Pérez-Tomé Román
Maquetación: Miguel Andréu

www.editorialalmuzara.com
pedidos@almuzaralibros.com - info@almuzaralibros.com

Editorial Almuzara
Parque Logístico de Córdoba. Ctra. Palma del Río, km 4
C/8, Nave L2, nº 3. 14005 - Córdoba

Imprime: Gráficas La Paz
ISBN: 978-84-18414-64-0
Depósito: CO-162-2023
Hecho e impreso en España - *Made and printed in Spain*

Índice

Para Pepa, Edu, Tere, Bernardo, Francesco,
Miguel, Álvaro, Jaime, Marta y Raquel,
que disfrutaron en un Camino de Santiago
del todo especial, de unos días inolvidables en
compañía de un Dios
que pasaba muy cerca de nosotros

«Anunciamos las grandezas divinas,
a nuestro modo, balbuceando»
(san Gregorio Magno)

Hablamos de cambio generacional cuando un factor o una serie de factores logran cambiar el modo de vivir de una sociedad. Por ejemplo, una guerra, un revulsivo cultural como fue Mayo del 68, una crisis económica, el nacimiento de internet, etc. Hechos con suficiente entidad como para cambiar el modo de pensar, la toma de decisiones, la manera de vivir determinados aspectos, etc.

Así podemos hablar de la **Generación** *Baby boom*, que correspondería a los nacidos entre 1945 y 1955. Ahí están quienes han vibrado con la llegada del hombre a la luna, han presenciado el asesinato de JFK y bailado al ritmo de *The Beatles*. Muchos de ellos pasaron hambre. Eran contestatarios, rebosantes de ideales.

A ellos les sucedió la **Generación X**, los nacidos entre 1960 y 1985. Son los que han jugado al Monopoly, han visto *Grease*, el nacimiento de *Star Wars* y, a más de uno, se le pasó por la cabeza la idea de estudiar Económicas al ver la rapidez con que Mario Conde accedía a la presidencia de Banesto. Han vivido la caída del muro de Berlín, la televisión en color y la crisis económica.

Pero actualmente **estamos ante otra generación**. Se la ha denominado de muchas maneras: la generación del *copiar y pegar*, la del *arroba*, los *millennials* (si nacieron después de 1982 hasta 1996, frente a los de la *generación Z*, nacidos entre 1997 y 2015), la de *la pantalla*, la *del pulgar*, la de la comida rápida o *Generación Einstein* (a los nacidos a partir de 1988, por su capacidad de procesar la información). Cada uno de estos términos hace referencia a una característica sobresaliente que los distingue de sus antepasados. A ellos están dedicadas estas páginas. Son los jóvenes que han visto Operación Triunfo, que han buscado pokemones, que han sufrido socialmente las consecuencias del atentado del 11S; los que han visto extenderse por el mundo la manzana de Apple, aquellos que solo han conocido los teléfonos de bolsillo. Nuestro estudio se centrará en ellos. Trataremos de analizar sus gustos, sus ideales, su manera de ser; trataremos de conocerles mejor para ver cómo presentarles de manera más conveniente la idea de Dios y de lo religioso, para que resulte más afín a sus intereses, más atractiva, más necesaria.

La juventud suele ser la etapa de las grandes preguntas, del primer amor, del idealismo, de la magnanimidad, de los sueños; cuando tenemos la impresión de que las ideas son suficientes para cambiar el mundo, cuando las fuerzas parecen ilimitadas y el cuerpo goza de su máximo esplendor. Son años en los que uno empieza a formarse sus propias ideas sobre lo bueno, lo justo, lo verdadero; años en los que se suele producir la primera gran discontinuidad con lo vivido hasta entonces y se empiezan a tomar las primeras decisiones relevantes sobre el propio futuro.

Se trata de un período donde los juicios toman cierto cariz de radicalidad porque la idea que uno posee de la realidad es aún bastante *difusa*. Todavía no se ha experimentado que el mundo está lleno de *grises* y que la diversidad suele ser una ganancia.

Dos instintos que hasta el momento permanecían incoados empiezan con fuerza a despertar: el de *autoafirmación* y el *sexual*. Uno desea ser considerado, sobresalir, hacerse notar, a la vez que busca a ese alguien con quien compartir la existencia, a quien entregarse.

Suele ser también la etapa de la vida donde se forjan grandes amistades. A esas edades no cuentan tanto las raíces familiares o el nivel económico como el compartir aficiones y *estar juntos*. Los jóvenes buscan ser reconocidos (una búsqueda que dura toda la vida) y, en esa búsqueda, el grupo de amigos juega un papel esencial. Es en el grupo, en la *pandilla*, donde suelen experimentar un primer reconocimiento fuera del ámbito familiar; ahí desempeñan un rol y se sienten útiles, acogidos. Sin embargo, a la hora de buscar ese reconocimiento, todavía pesa mucho sobre ellos el ambiente y las modas y, por tanto, corren el peligro de ser absorbidos por la masa, de permanecer en un estado de rebelión perpetua y absurda y, sobre todo, de encerrarse en sí mismos, percibiendo todo y a todos y como un derecho.

Muchos son los que en esta etapa comienzan a vivir fuera de sus hogares, a sentirse dueños de su vida, a saborear una libertad que —más allá de hacer lo que les viene en gana— busca la autenticidad, aunque sea una autenticidad con poca coherencia, constancia y sacrificio.

Los jóvenes son el futuro. Quien los observe podrá preverlo. Y aunque el objetivo de estas páginas no es tanto adivinarlo, hay que reconocer que ellos serán también el futuro de la Iglesia. Dios cuenta con ellos, como con las generaciones precedentes, para seguir difundiendo por todo el mundo su mensaje redentor de amor. Por tanto, ¿cuál sería el mejor camino para presentarles a ese Dios? ¿Cómo abrir sus corazones a la trascendencia? ¿Cómo transmitirles lo que no es susceptible de decir tan solo con palabras? ¿Cómo hacerles ver que la felicidad conlleva vivir con sentido, con un fin? ¿Cómo revelarles ese fin? ¿Cómo hablarles de lo invisible, de lo infinito?

He impartido multitud de clases, conferencias y programas educativos en colegios y universidades. He compartido y sigo compartiendo con cientos de jóvenes mi vida, ilusiones y proyectos, alegrías y malos tragos, *subidones y bajones*. He aprendido mucho de ellos: admiro su sencillez y naturalidad, su modo de detectar la autenticidad, su vitalidad, etc., al tiempo que trato de abrirles horizontes, de echarles una mano con sus heridas y, sobre todo, de estar siempre ahí, en los buenos y no tan buenos momentos. Ciertamente, he mantenido con ellos miles de enriquecedoras conversaciones sobre la fe, Dios, la Iglesia, el sentido de la vida, el amor, el perdón, el dolor, la muerte y un largo etc., consciente de que para llegar a Dios hay tantos caminos como seres humanos.

En esas conversaciones he tenido presente que *creer* no es solo hacer cosas: es una manera de vivir, de afrontar la realidad. **La fe lo cambia todo**: el sentido de la vida, del dolor, el modo de disfrutar, de descansar, el valor del trabajo, hasta la manera de mirar. Por tanto, llegar a afirmar «creo» es un regalo; un regalo que, al menos, hay que desear. Un regalo que suele ser fruto de un conjunto de razonamientos, de experiencias, de *casualidades*, de amores, de sospechas, incluso de coincidencias: el corazón, al afirmar «creo», abraza impresiones, testimonios, deseos, otras vidas, hechos históricos, etc. que resuenan en la propia conciencia[1].

Además, hablarles de Dios es **hablarles de una persona** (bueno... de tres), y las personas no son tan susceptibles de demostraciones como de ser presentadas, por lo que esas con-

---

1   San J. H. Newman afirmaba en el libro de su vida, *Apologia pro vita sua*, que «si no fuera por esa voz que habla tan clara en mi conciencia, yo sería un ateo, un panteísta o un politeísta». Y sostenía que al asentimiento de fe, junto con la conciencia, contribuía también el sentido *ilativo*, es decir, ese sentido que permite dar certeza a verdades no demostrables científicamente. «El que nos ha creado ha querido que, en matemáticas, lleguemos a la certeza por medio de la rigurosa demostración; pero en la indagación religiosa hemos de llegar a la certeza por medio de probabilidades acumuladas. Él ha querido, digo, que obremos así y, queriéndolo, Él coopera con nosotros en nuestra acción, y así nos capacita para que hagamos lo que Él quiere que hagamos y, por poco que nuestra voluntad coopere con la suya, nos conduce a una certeza que se levanta por encima de la fuerza de nuestras conclusiones lógicas [—p. 158— ya que] toda la lógica del mundo no me hubiera hecho moverme hacia Roma más aprisa de lo que lo hice» (p. 137).

versaciones no dependen tanto de una técnica, sino de una vida que rebosa. No van de *vender algo*, sino de **mostrarles el amor que nos ha sido regalado**. De Dios se habla como de alguien en quien a uno le va la vida: como una madre habla de sus hijos o de la maravilla de esposo que tiene. Por lo que estas conversaciones están lejos del debate o la discusión: no existen vencedores ni vencidos.

Soy consciente del enorme potencial que late en la mayoría de sus vidas, por lo que analizados desde nuestro punto de vista, desde nuestra vida vivida, nos podrían parecer un tanto... pero al profundizar en sus vidas y conocerles mejor... «nos parecen superficiales. Ellos tienen interés. Nos parecen indiferentes. Están llenos de pasión. Nos quedamos paralizados ante la avalancha informativa. Ellos se sienten como pez en el agua de la sociedad de la información 24/7. Nosotros aprendemos de forma lineal atendiéndonos a patrones fijos. Ellos aprenden de forma lateral por asociaciones de ideas. Nosotros esperamos que alguien nos explique cómo hay que hacerlo. Ellos investigan y descubren cómo quieren hacerlo. Nosotros reducimos la ciencia a una caja de trucos. Ellos pueden abordar materias infinitamente más complejas. Nosotros aceptamos que el mundo no es justo. Ellos consideran la justicia como el más alto de los valores. Nosotros no los tomamos en serio. Ellos respetan a todo aquel que es auténtico y sincero. Nosotros aleccionamos y esperamos que ellos escuchen. Ellos se comunican entre sí. Nosotros somos solistas. Ellos viven, aprenden y trabajan en red. Nosotros dejamos que nos tomen el pelo. Ellos no. Nosotros miramos este mundo con desconcierto. Ellos saben mejor que nosotros cómo funciona»[2].

Efectivamente, al observarlos desde las generaciones anteriores, nos parecen vagos, pasotas, frívolos y superficiales, materialistas y mimados, egoístas y egocéntricos. Incapaces de

---

2   J. BOSCHMA, *Generación Einstein. Más listos, más rápidos y más sociables. Comunicar con los jóvenes del s.XXI*, Gestión 2000, p. 14.

concentrarse, de fijar su atención en algo, carentes de interés, irresponsables. Pero también son capaces de tener diez ventanas del ordenador abiertas. De contestar una llamada, comprar un billete de bus y escuchar música al mismo tiempo. Son sociales, se implican en los que le interesa, buscan relacionarse, son prácticos, les gusta la funcionalidad. Exigen lealtad. Buscan y detectan enseguida la autenticidad. Es cierto que *desean* ser libres (ellos dirían *auténticos*), pero una libertad en fraternidad, en compañía, no en plan *Hacia rutas salvajes*[3]. Para ellos, pertenecer a un grupo (de amigos) es algo a lo que dan mucha importancia. Les gusta la fiesta y el estar juntos. Son bulliciosos. Y es que ven (y por eso valoran) la realidad de otra manera. Una realidad no tan cargada de relaciones y de experiencia. Y aunque vivimos en el mismo mundo, el suyo y el nuestro son diversos. Ellos lo perciben de una manera más precisa.

A lo largo del libro saldrán muchas características donde, con mayor o menor intensidad, podremos ver reflejada la juventud de hoy, pero querríamos ya anticipar que, de cara al objetivo que nos hemos propuesto, hay cuatro que destacan, que laten y recorren la mayoría de las páginas de este libro y que dan lugar al subtítulo: **la fragilidad, el grupo (donde forjan amistades), la autenticidad y la alegría**. Son como las cuatro patas que sustentan al resto. Son las claves de sus vidas. Son la puerta por la que, en nuestra opinión, puede abrirse paso más fácilmente la idea de Dios y de lo religioso. Son como el hilo escondido que teje el resto. De este modo, la apuesta por evangelizarles requerirá, sobre todo, el reconocimiento de la propia fragilidad, un trato personal con Jesucristo de verdadera amistad, la autenticidad de vida y la transmisión del cristianismo en términos de alegría.

---

3   Película de 2007 que refleja la vida, a principios de los noventa, del joven Christopher, quien abandona a los suyos y llega en solitario hasta Alaska en busca del sentido de la libertad y de la vida.

En primer lugar destaca la **fragilidad**, porque así como vemos necesario partir de un conocimiento lo más objetivo posible de la juventud actual, es obvio que, en una personalidad todavía por hacer, destaque la fragilidad. Decía Platón: «El principio es lo más importante en toda obra, sobre todo cuando se trata de criaturas jóvenes y tiernas. Pues se hallan en la época en que se dejan moldear más fácilmente y admiten cualquier impresión que se quiera dejar grabada en ellas»[4]. Somos frágiles. Manipulables. Somos pecadores. Nos engañamos. Necesitamos ayuda: alguien que nos eleve, que nos sane, que nos lleve más allá de nosotros mismos, donde moran nuestros sueños y anhelos más profundos, alguien que nos salve. Y ese Alguien es Dios.

En segundo lugar destaca la necesidad de una **amistad**, de un compartir con alguien la misma vida, la búsqueda de alguien con quien estar a gusto y, en la mayoría de los jóvenes, todo ello suele desembocar en el **grupo** de amigos. El grupo es clave. Les ayuda en su paso del ámbito familiar al mundo. Ahí son reconocidos, valorados, estimados. Ahí son queridos. Ahí conviven con sus mejores amigos. Es más, para ellos, el relativismo les ha llevado a eso, a llegar a formar ese conjunto de personas de las que se pueden fiar, con quienes pueden compartir sus dudas y proyectos.

Bajo este deseo, bajo este planteamiento, juegan un papel esencial todas las instituciones de la Iglesia que les tratan. Y al mostrarles a Jesucristo como su mejor amigo, esa *necesidad de grupo* la tendrían que acabar encontrando en alguna parte de la Iglesia.

En tercer lugar, destaca la **autenticidad**. La buscan. Buscan que tú seas tú; como quieras, pero tú. No quieren ser imitadores de los demás. Admiran la búsqueda por la propia manera de hacer las cosas. No finjas, no actúes delante de ellos; lo notarán enseguida. Una autenticidad que muchas veces, por su

---

4 PLATÓN, *República* II, 377b.

gran carga emocional, identifican con la pasión con la que les transmites las cosas.

En este sentido, hoy, más que nunca, el mensaje cristiano necesita ser transmitido con la propia vida, con una vida que luche *auténticamente* por parecerse a la de Jesucristo. «No hagáis tanto caso a lo que digo como a lo que me veis hacer». Reclama unidad de vida: unidad entre lo exterior y lo interior, unidad entre el comportamiento privado y el público, etc.

Y en último término, destaca la **alegría** (vivacidad). Buscan la fiesta. Están llenos de vitalidad. Se sienten rápidamente atraídos por ambientes donde perciben *buen rollo*. Y aquí el mensaje cristiano tiene mucho que decirles: es una noticia sustancialmente alegre, que quiere facilitarnos la vida, consolarnos en las penas, acompañarnos hasta el final, tendernos una mano en las pruebas y ver con optimismo hasta la más negra de las situaciones. Los cristianos saben que combaten una guerra que ya ha sido ganada por Cristo en la Cruz pero, sobre todo, se saben alegres porque son hijos de Dios.

En estos últimos años, a la hora de hablar a los jóvenes de Dios, han proliferado los testimonios, el contar la propia experiencia personal, así como el empleo de un lenguaje más cercano. Estas páginas —insistimos— intentan complementar esos esfuerzos con una única idea: **partir de aquello que les mueve, que les importa. Conocerles mejor para ayudarles mejor.**

«El mayor error que podríamos cometer en Keesie Internacional[5] sería presentar una propuesta creativa a un cliente sin comprobar previamente su efecto entre los jóvenes. Y efectivamente lo cometimos hace algunos años en nuestra oficina de Holanda. Desarrollamos una campaña para un cliente

---

5 Keesie es la agencia de comunicación líder en el *target* infantil y juvenil. Cuenta con oficinas en Ámsterdam, Róterdam y Barcelona. Jeroen Boschma, su cofundador, publica el libro *Generación Einstein* (anteriormente citado) tras más de diez años de conversaciones con los jóvenes y de estudiar de su mundo, hábitos, modos de pensar, de elegir, etc.

y confiamos en nuestra intuición porque hacía mucho tiempo que Keesie trabajaba exclusivamente para la juventud. Con tantos años de experiencia, datos, estudios y noticias ¡teníamos que saber cómo pensaba el grupo objetivo de nuestro cliente! La presentación fue excelente. "Otro cliente satisfecho", pensamos. Pero cuando después de la campaña, el cliente nos devolvió el formulario de evaluación nos dio una nota final de 4. ¡No nos lo podíamos creer! Pensamos que el cliente trabajaba con una escala de 1 al 5, con lo que nuestra nota equivaldría a un 8. Pero no fue así: la campaña no había funcionado, no habíamos sabido conectar con los jóvenes. A nosotros, el concepto nos parecía genial, pero habíamos cometido el mismo error sobre el que alertábamos a nuestros clientes: pensar en lugar de los jóvenes sin preguntarles directamente. Normalmente hacíamos estudios y *focus group*, pero desde aquella campaña son obligatorios, vitales, en nuestro trabajo. Preguntamos, escuchamos y aprendemos de los niños y de los jóvenes. Es la única manera de saber lo que realmente les interesa y cómo conectar con ellos»[6].

Observarles, estudiar sus comportamientos pero, sobre todo, compartir sus vidas; la vida en su totalidad, con sus alegrías y angustias, con sus buenos y malos momentos. Ponerse en su lugar. Tratar de razonar como ellos. Preguntarse el porqué de sus comportamientos. La propuesta de estas páginas parte de una vida gozosamente compartida y dedicada a los jóvenes, de los que he aprendido y sigo aprendiendo tantas cosas.

Hace algunos años, un amigo me confesaba —medio en serio, medio en broma— que, tras un mes de convivencia con algunos universitarios, reflexionando sobre su comportamiento, había llegado a individuar hasta cinco acciones en las que no resultaba necesario insistirles: comer, dormir, escuchar música, jugar y buscar wifi. El resto de tareas entraban dentro de las *cosas* que sí había que recordarles: «Por favor, recoge la

---

6   J. BOSCHMA, *o. c.*, p. 7.

mesa», «tu habitación está hecha un asco», «¿puedes pasarme la jarra de agua?», «habíamos quedado hace diez minutos», «¿por qué no apagas las luces al dejar la sala?», etc. Para simplificar las cosas, *comer y jugar* parecen ser las dos vías por las que transcurren sus deseos.

Querer lo que ellos quieren. Ahí está la clave. Compartir ilusiones, proyectos, compartir la vida. Como aconsejaba san Juan Bosco: «Amad aquello que aman los jóvenes, y ellos aprenderán a amar lo que vosotros queréis que amen».

Así, el texto quedará dividido en tres partes[7]. En la primera, analizaremos la idea de Dios y de lo religioso que flota en el ambiente, lo que les ha influido para que vean a Dios como lo ven. En la segunda, estudiaremos sus deseos, lo que realmente buscan, lo que les mueve. Todo esto nos permitirá, en una tercera parte, ofrecer algunos puntos que les puedan ayudar a redescubrir la belleza y plenitud de la vida cristiana.

---

7   Aunque en muchos momentos me dirija directamente a los jóvenes, el texto está también pensado para quienes se ven implicados en su formación (padres, profesores, educadores) y para todos aquellos que estén vinculados o sintonicen con los problemas de la juventud actual (sociólogos, psicólogos, agentes de pastoral, asistentes sociales, etc.).

PRIMERA PARTE
Idea de Dios y de lo religioso que flota en el ambiente

1. LAS AGUAS DE LAS QUE BEBEN Y EN LAS QUE NADAN

Como apuntábamos, nos encontramos ante una juventud muy distinta, no ya de la de los ochenta, noventa... sino de otro siglo. A esas edades, como en cualquier otro tiempo, su personalidad (por desarrollar y abierta a cualquier tipo de influencias) es todavía muy susceptible de manipulación. Pero las aguas en las que actualmente beben y nadan siguen siendo las mismas de hace siglos: familia, educación y cultura. Estos tres factores, aunque presenten características muy diversas (según los países) a las de hace cincuenta o sesenta años (por no querer alejarnos demasiado en el tiempo), siguen siendo las raíces que los han forjado y que marcarán su personalidad[8].

Empecemos por el **entorno familiar**. En la actualidad, no pocos forman parte de una familia desestructurada: separaciones, divorcios, ausencia del padre, etc. Y siendo la familia el lugar privilegiado para formar en gratuidad, para percibir el

---

8   Ahora bien, aunque estos tres tipos de *aguas* les influyan, no lo hacen de la misma manera. La familia (en la que he incluido en este caso las amistades), y secundariamente las escuelas, suelen ser las que más les «marcan» (sobre todo porque es ahí donde se les conoce mejor). Con todo, el ambiente cultural también les influye y mucho. Recordemos la famosa frase de Ortega: «Yo soy yo y mis circunstancias».

amor incondicional, para aprender a darse, etc., la formación de la propia personalidad, su idea de felicidad, su futuro proyecto de matrimonio y de familia, queda muy condicionado por lo que han visto y vivido.

Los hijos, en vez de ser fruto del amor matrimonial, se han convertido en un mero proyecto. Además (al menos en el primer mundo), hay una tendencia a formarles proporcionándoles todo lo que quieren. Se piensa que formar bien es sinónimo de «que no les falte nada»[9]. En términos materiales, la calidad de vida hoy en día ha mejorado en muchos países. Muchos padres no tuvieron una vida tan cómoda y no quieren que sus hijos pasen por lo que ellos pasaron. Pero cuando lo que cuenta es solo el bienestar material, cuando no se practica el «hasta aquí» y se trata de evitar el dolor a toda costa, el resultado son hijos frágiles, con falta de constancia y de fortaleza, de paciencia para casi todo[10].

En el caso de que hayan padecido la ausencia del padre (como es él el que suele marcar los límites, transmitir seguridad, etc.), carecerán de estas importantes referencias. Es verdad que, en estos casos, la figura materna trata de paliar tal abandono, pero a veces lo hace con un amor excesivamente proteccionista que tampoco a la larga les favorecerá.

En segundo lugar, les influye sin duda **la formación**, los estudios recibidos. Aquí variará según el ideal y el plan del cen-

---

9   Tipo «buffet libre». Por ejemplo, a partir de cierta edad, los padres dejan una tarjeta bancaria a los hijos, una tarjeta que siempre tiene saldo y los *bizum*, como carcomas, van vaciándolas, sin muchas veces reflexionar sobre lo que cuestan las cosas. Cuando uno ha crecido en un ambiente familiar de estas características, al llegar a los 20-25 años gasta mientras tenga, sin perspectiva de futuro y sin necesidad de responder ante nadie.

10   J. ARANGUREN, en su artículo *La idea de formación* (29-III-2003) propone, dentro de las cuatro virtudes cardinales, este orden: empezar a formar a los hijos por la templanza (y su compañera íntima, la sobriedad), que fortalece la voluntad y relativiza el afán materialista. Seguir después con la fortaleza, virtud más propia de la juventud, etapa en la que toca enfrentarse con la realidad, para continuar luego con la justicia y la prudencia.

tro educativo en el que han realizado sus estudios y su aprovechamiento. En muchos centros educativos, la idea de Dios está ausente y la religión es una asignatura optativa, sin mayor importancia.

Y en tercer lugar, está el **ambiente cultural**. La cultura sigue proponiéndoles como ídolos y estandartes de felicidad los *clásicos cuatro*: fama, sexo, dinero y poder. ¡Falta trascendencia! Triunfar es conseguirlos, y fracasar es quedarse fuera del *sistema*. De un *sistema* que cada vez nos conoce más (al menos en lo que se refiere a nuestros gustos y preferencias) y, por tanto, nos controla más. Así, al tiempo que quiere transmitirnos *sensación de libertad*, de que somos nosotros los que decidimos, somos mucho más predecibles y, por tanto, más manipulables.

Ahora bien, de este ambiente cultural destacaría los siguientes tres rasgos. Estos tres (y no otros) porque, como veremos más adelante, son los que más influyen sobre su idea de Dios y de la religión:

a) **Sentimentalismo-hedonismo**. Se da demasiada importancia a lo que uno siente o deja de sentir. Es más, las distintas realidades miden muchas veces su veracidad por este rasero: algo no es ni verdadero ni bueno si no lo llego a sentir como tal. El vivir se convierte entonces en buscar sensaciones distintas, cada vez más intensas, y en evitar a toda costa el sufrimiento. Solo soy feliz si siento placer. La felicidad se convierte entonces en un *estar bien*. Y, en el fondo, es uno mismo el que, con el metro de su sentimiento, se autoproclama dueño y señor de la realidad: el sentimentalismo es una manera de limitar la felicidad (empobreciéndola) y de tratar de controlarla.

b) **Materialismo-utilitarismo**. Dado que a todo le ponemos un precio, también se lo ponemos a nuestro cuerpo. «¿Dígame lo que no es negociable?». Esta visión reduce lo bueno y verdadero a lo útil y más caro (en términos económicos), y la felicidad al *tener*: cuanto más tenga, más feliz seré. Se olvida así que lo más importante de la vida es regalado (lo que más llena es la gratuidad característica esencial del amor verdadero): el amor, la amistad, el perdón, la confianza, etc. De nuevo, uno mismo (pero ahora con el metro del dinero) vuelve a intentar autoproclamarse dueño y señor de la realidad, de esa realidad que ya solo se percibe desde un punto de vista material, reducida a un valor económico.

c) **Relativismo-pasotismo.** Puesto que lo bueno y verdadero no encuentran un reflejo en la realidad objetiva, simplemente dependen de cada uno (normalmente de sus gustos). La verdad puede cambiar cada minuto, cada día, cada año. Todo es relativo. Hoy puedo afirmar una cosa y mañana lo contrario. Las circunstancias, que el mero transcurrir del tiempo se encarga de que nunca sean exactamente las mismas, son las que me *autorizan* el cambio. Todo fluye. Mi opinión también.

Pero ese vaivén, ese subir y bajar, la posibilidad constante de cambio, desemboca necesariamente en el pasotismo, en el indiferentismo. El relativismo crea desconfianza, inseguridad, aumenta el número de miedos y, en muchos casos, la baja autoestima[11]. El relativista gasta saliva inútilmente y, sin darse cuenta, vuelve a ocupar el *centro de la pista* a la hora de interpretar y juzgar la realidad, aunque ahora sea una realidad que, cada vez le dice menos y que, con el paso del tiempo, dejará de interesarle.

Pero ¿qué tienen en común estos tres rasgos culturales? ¿Dónde desembocan? En un mismo pozo: empequeñecen al hombre encerrándolo en la celda de sí mismo. Solamente varía el material de los barrotes: placer, dinero o indiferencia. Y encerrado en el individualismo de su pequeño microcosmos, le dificultan la verdadera felicidad, esa que va a aceptarse, abrirse y recibir para dar. En el fondo, **pretenden robarle la trascendencia y, con ella, el jugo de la vida, borrar a Dios de nuestro horizonte, reducirle a una privilegiada y manipulable materia capaz de gozar.**

---

11 En España, el suicidio sigue siendo la principal causa de muerte entre los jóvenes.

2. LOS PRINCIPALES PREJUICIOS SOBRE DIOS Y LA RELIGIÓN

No podemos mirar hacia otro lado o autoengañarnos. «Si se quiere recristianizar la sociedad occidental mediante una nueva evangelización, hay que ser realistas. Hay que hacer una radiografía fidedigna que refleje verazmente el estado real de nuestra sociedad por lo que al hecho religioso se refiere; sin pesimismos ni derrotismos estériles y paralizantes, pero tampoco sin optimismos objetivamente infundados que no serían sino equivalentes a hacerse trampas a uno mismo cuando está jugando al solitario»[12].

Hoy en día vivimos en tiempos tolerantes, la libertad sigue siendo un reclamo, un valor fuerte y, además, en tiempos relativistas, porque vemos cambiar de verdad según cambian las circunstancias. Por consiguiente, creer **hoy en Dios no es tanto un problema de ateísmo, de rechazo de su existencia según unos argumentos racionales, sino de indiferentismo**[13].

---

12 C. A. MARMELADA, *Cómo hablar de Dios como un ateo. La presencia de Dios en las sociedades posmodernas*, Sekotia 2021, pp. 239-240.

13 No me gusta hablar de Dios como de un *problema*. Si seguimos empleando esta palabra, la gente huirá, porque todo el mundo huye de los problemas. A nadie le gustan los problemas. Por eso prefiero, con G. Marcel en *El misterio del ser*, referirme a la existencia de Dios como un misterio y no como un problema.

Hoy, más que dialogar con ateos sobre lo divino, estamos ante indiferentes frente a lo religioso, les da lo mismo. Dios es una palabra vacía, ficticia, sin sentido. Como sostenía Hegel: «La palabra *Dios*, de por sí, no es más que una locución carente de sentido, un simple nombre». Y este indiferentismo se presenta como garante de la libertad y la tolerancia.

Vivimos en un mundo donde la mayoría de los medios de comunicación silencian a Dios o, cuando en contadas ocasiones lo mencionan, es para hacernos ver que ya no cuenta. No hay interés sobre Dios y *sus cosas*. Dialogar con el indiferentismo es más difícil que con el ateísmo; este segundo niega a Dios, mientras que el primero considera que hablar de Él es una pérdida de tiempo. Por tanto, la cuestión sobre la existencia de Dios hoy debe partir de la siguiente reflexión: ¿cómo despertar a un mundo dormido ante lo divino? ¿Cómo suscitar la necesidad de Dios? Hemos de tener en cuenta que, para los creyentes, Dios es lo más necesario[14].

Ahora bien, si tuviésemos que ofrecer una radiografía de los prejuicios sobre Dios y la religión, diríamos que el indiferentismo religioso se alimenta o apoya en alguno de los siguientes argumentos:

1. La rivalidad con **el hombre**. Pasando de Dios, el hombre se queda solo, se encierra en su *yo*. En último término, esta soledad es la consecuencia de ver a Dios como un rival. Y se le considera un rival cuando se confunden dos conceptos: *ser* y *existencia*. Porque Dios no es que exista, como nosotros, sino que es el Ser con mayúscula, es decir, los demás o lo demás cuanto existe participa de su ser. Dios es el único Ser subsistente, no un *ser* entre otros. Él no pertenece al género del *ser* sino que es el fundamento de todo *ser*. Con otras palabras, Él no es algo del mundo, sino la razón de por qué ese algo existe, de por qué hay algo y no nada. Él es la razón por la cual nosotros existimos.

---

14 He tratado este tema en E. CAMINO, *No necesito a Dios. Desde la necesidad a la salvación*, Palabra 2020.

En estas páginas veremos cómo el misterio y la plenitud del hombre están en Dios. Le necesitamos para saber quiénes somos, de dónde venimos, qué nos pasa, por qué anhelamos lo que anhelamos, por qué hay dentro de nosotros esos deseos de eternidad y de amor incondicional. Ya lo decía R. Guardini: «Solo quien conoce a Dios conoce al hombre». Es en Cristo donde todos los valores humanos, donde todo lo realmente bueno, encuentra su grado máximo. Es en Él donde todos los valores que realmente llenan al hombre alcanzan su máxima expresión.

2. La rivalidad con **la ciencia**. Hoy lo religioso es percibido en muchos ambientes como una visión ignorante de la vida. Se piensa que los avances científicos logran explicar ya la vida en su totalidad. La materia, la energía o el universo lo explican todo. La fe, por tanto, no es necesaria. El hombre culto parece incompatible con el creyente.

Pero ciencia y fe no se contraponen. El cristianismo es la religión de la racionalidad. La fe llega donde nunca llegará la ciencia. El cristianismo no es un obstáculo para la ciencia moderna, es más, fue el cristianismo el que creó las condiciones en las que nació la ciencia moderna.

3. La rivalidad con una única verdad. Porque consideran que la religión, cuando pretende defender que solo existe su verdad, se convierte necesariamente en intolerante y, por tanto, en no democrática. Recordemos que vivimos en tiempos relativistas y tolerantes, tiempos con verdades *débiles*. Se la acusa, por tanto, de ser causante de guerras, de conflictos sociales. Y en esta línea, como un mal tolerado, se la quiere reducir al ámbito exclusivamente privado, al de la propia conciencia. Se quiere anular la presencia de lo religioso en el ámbito público.

Ahora bien, la verdad es que ha habido mucha más gente asesinada en nombre de un estado secular que en nombre de la religión. Es mentira sostener que las personas religiosas sean las culpables de la violencia en el mundo.

Poseer la verdad, como un don, no supone imponerla a nadie. En este sentido, hoy se hace más oportuno mostrar el cristianismo no como una opción entre otras, sino a través de las notas que lo hacen distinto a las demás, a través de su núcleo. Un núcleo que va de amar a los enemigos y de perdonar sin límites. No olvidemos que es el amor lo que hace creíble el mensaje cristiano. Un mensaje que se puede medir viendo cómo ha transformado el mundo, cómo promueve la tolerancia, el diálogo paciente y el respeto a la libertad personal. Dentro de la Iglesia existe una gran pluralidad.

4. La rivalidad con **el mal**. El dolor de los inocentes es causa de la increencia de muchos, ya que ven esta situación como incompatible con un Dios Creador, Todopoderoso y Bueno. Ahora bien, dos ideas sobre qué es el mal y la relación entre el amor y la libertad, pueden arrojar algo de luz al misterio del mal.

El misterio del mal se esclarece al comprender lo que es el mal y la libertad. El mal es la ausencia de un bien debido o necesario. Por ejemplo, uno dice que se encuentra mal porque carece de buena salud. El mal necesita que el bien preexista, pues el mal solo puede existir si previamente existe la naturaleza del bien. El mal no es, pues, una realidad primaria ni simultánea, es una realidad secundaria y derivada que debe su ser a una carencia. Entendido así, se podría entonces decir que la existencia del mal en el mundo, lejos de negar a Dios, muestra su existencia.

Respecto a la libertad, hay que comprender que Dios ha querido que el hombre se realizase en el amor y, para ello, necesariamente, debía crearlo libre: solo es auténtico el amor que nace de la libertad. «En cierto sentido, se puede decir que frente a la libertad humana Dios ha querido hacerse ”impotente“», sostenía san Juan Pablo II en *Cruzando el umbral de la esperanza*.

Quiero añadir simplemente que, en muchas ocasiones, solo ese dolor es el que nos permite abrir el diálogo con los indiferentes en materia religiosa. Indudablemente, el desastre del

COVID y el número de víctimas que se ha cobrado habrán hecho pensar a más de uno, pero da la impresión de que la gran mayoría lo ha vivido como una tormenta pasada, un mal inevitable que se ha campeado como se ha podido, y sin llegar a suscitar preguntas más trascendentes.

5. La rivalidad con **el sexo**. Por último, señalaría la rivalidad con un mensaje moral demasiado exigente, sobre todo en materia sexual. A esta visión, en el fondo, ha contribuido la tensión ascética con la que han sido formadas varias generaciones de cristianos: un anhelo por tender siempre a la perfección, desconociendo la fragilidad humana. Esto, en algunos casos, ha llevado a ver los mandamientos como una lesión a la libertad humana: toda prohibición moral, en vez de impulsar y promover al hombre, es vista como aquello que recorta y reprime su actuar. La moral sexual es la que, sobre todo, se ve como represión. Se ve como algo caduco o como algo imposible de cumplir.

A esta visión han contribuido los escándalos dentro de la Iglesia: «Ni los propios cristianos son capaces de vivir lo que dicen». Y también están las crisis de familia: los matrimonios o no se contraen o se retrasan, y cada vez son menos los que lo contraen por el rito de la Iglesia católica. Es más, el número de divorcios, incluso entre los que se casaron por ese rito, va en aumento.

Lo que hay que plantear, pues, es el mensaje cristiano en su raíz liberadora y alegre. Mostrarlo en su defensa del amor verdadero y en su elevada opinión del cuerpo, templo de la divinidad. En fin, como veremos a lo largo de estas páginas, sin Dios no hay buen sexo, no logra disfrutarse tanto como podría hacerse.

En mi opinión, estas son, de una manera muy escueta y casi telegráfica, las principales objeciones a la idea de Dios o a la religión que flotan en el ambiente, objeciones que también afectan y se plantean muchos jóvenes.

3. La idea de Dios y sus sucedáneos

En primer lugar, considero de justicia mencionar a tantos abuelos que, en la medida de sus posibilidades, han tratado de paliar el vacío de formación cristiana de sus nietos. En muchos hogares, la idea de Dios está ausente; en otros, queda cierta práctica religiosa, pero reducida a momentos concretos (bautizos, primeras comuniones, etc.) o a fechas puntuales (quizá la misa de los domingos y en Navidad, Pascua, etc.). Si bien se mantienen esas prácticas, ni se reza juntos, ni son hogares donde se *piense* en cristiano (a la hora de dar gracias, de abordar los problemas o dificultades cotidianas).

Lo que todavía proliferan son las fiestas (y costumbres) populares de carácter religioso, sobre todo en Semana Santa, y la celebración concreta (patrón o patrona) de cada pueblo o nación. En algunos países, esas tradiciones, expresiones de la cultura de otra época, se encuentran tan encarnadas en la vida de los pueblos y ciudades, que al **laicismo** le cuesta mucho extirparlas por su mezcla de lo religioso con lo festivo[15]. Quizá contraste el estar ensañando durante meses el toque de tambor

---

15 El laicismo es la doctrina que trata de vaciar de contenido religioso al Estado y la sociedad. Cuando hablemos de la fiesta, del festejar, comprenderemos también que esas tradiciones son más difíciles de eliminar por su carácter festivo. En el fondo, todos necesitamos festejar

para salir en una procesión con el no pisar una iglesia el resto del año, o el pelearse y sentirse orgulloso de hacer de costalero en una paso de Semana Santa con la ausencia de toda práctica religiosa, pero... ¡que a nadie se le ocurra suprimir los tambores o esos preciosos pasos!

Con todo (y si tuviésemos que simplificar mucho la idea de Dios que flota en el ambiente), podríamos decir que la fe y lo religioso son algo que resta. **La visión de lo divino es negativa** (como ese humo del tabaco que no se tolera en muchas partes de la sociedad). No se trata ya de distinguir entre agnósticos, ateos, más o menos pasotas, ni tampoco el tipo de religión, simplemente se respira una idea tóxica de Dios[16].

Este Dios no es partidario del hombre, de su felicidad, del disfrute y la diversión. Tratarle supone asumir más obligaciones de las que ya hay. Y si ya es difícil abrirse camino en esta vida, imagínate creer en otra. La fe no parece paliar las dificultades, sino añadir más.

Evidentemente, estamos ante **una idea de Dios muy *moralista***. Un Dios *controlador* y *castigador*: aquel con el que se conversa solo en términos de bien y mal. Y que, cuando interviene, es para *recordarnos lo que es bueno* o *lo que hay que hacer*, aunque muchos no lo entiendan o no quieran hacerlo. Un Dios, sobre todo, con el que hay que cumplir o tratar de complacer (no vaya a ser que...). ¡Como si Dios necesitase de nuestras buenas obras! A un Dios así no se le ama, se le teme.

Muy ligado a este *sentimiento* sobre Dios está el hecho de que hablar de Él no resulte natural (como vimos, el laicismo tiende a **replegar la religión al ámbito privado**), sino algo que cuesta sacar y, el hacerlo, se percibe como una violación de la *privacy*. Sacar el *tema* es visto como una invasión en la pro-

---

16 Sigue llamando la atención (en contraste con ambientes de corte anglosajón) que, en Europa, lo religioso no sea visto socialmente como algo que suma. También es cierto que muchas veces este sentido negativo se refiere no tanto a lo religioso en general, como a la Iglesia católica en particular. Tal visión se debe, sobre todo, a ciertos temas de carácter moral: aborto, eutanasia, etc.

pia intimidad, alguien que osa traspasar la línea de lo políticamente correcto.

Ahora bien, los tres rasgos que en su momento dijimos impregnaban el ambiente cultural no han contribuido solo a formar una idea negativa de Dios, sino que cada uno de ellos ha aportado un falso matiz a la visión divina, la ha desvirtuado. Veámoslo.

Así, el sentimentalismo-hedonismo nos ha dejado un **Dios merengue**. Un Dios placentero, que sabe bien. Dios existiría en la medida en que lo siento. Y lo siento si *me siento bien* o a través de aquellos elementos que me ayuden a evadirme, desconectar o, de alguna manera, me transmitan paz. Por ejemplo, la música, el abrazarnos o cogernos de la mano, los ejercicios corporales de respiración, concentración, etc. Más que buscar a Dios, lo que se buscan son sensaciones positivas y placenteras de lo divino. *Creer* equivaldría a practicar técnicas de relajación, yoga, *mindfulness*, etc. Y rezar (conectar con Él) sería entonces recogerse, concentrarse hasta *sentirse bien*, huir del ruido, de lo ordinario, de lo que a uno le distrae o le estresa[17].

En este sentido, llama la atención, al entrar en una gran librería y dirigirse a la sección de «religión» o «espiritualidad», comprobar cómo en las estanterías escasea el Catecismo de la Iglesia católica, textos de los últimos Papas o buenos libros de espiritualidad. En cambio, abundan títulos como *El poder de confiar en ti, El monje que vendió su Ferrari, Karma, Las bases del yoga*, etc.; páginas que mezclan el autocontrol, la autoayuda, con mil consejos para ser feliz y con un sinfín de recetas *fáciles* para lograr el *control del cuerpo y la mente*.

Por su parte, y muy relacionado con lo anterior, el materialismo-utilitarismo ha producido un **Dios supermercado** o centro comercial. Dios es visto como un producto ofertado por el

---

17 Quizás es porque, al pedir a Dios y no obtener respuesta, han buscado otros subterfugios, otros sucedáneos de oración. En el fondo, desconocen lo que es y la finalidad de la oración cristiana.

mercado, como una opción (entre otras posibles). Uno, al igual que hace cuando acude al súper, entra en la religión y adquiere aquello que le gusta (¡¿no vas a comprarlo todo, no?!). Es decir, no tienes por qué comerte toda la tarta, puedes pillar el *trozo* que prefieras. Todo depende de tus gustos y necesidades. Y aquellos *trozos* que no entiendes tanto, los más exigentes o arduos de *digerir*, los que más pueden llegar a dañar tu silueta, puedes dejarlos. Como resultado, tenemos una fe cómoda, como el traje que uno se hace a medida; una fe adaptada al gusto del consumidor. De ahí derivan afirmaciones como: «yo creo, pero no practico», o el ya clásico: «sí creo en Dios, pero no en la Iglesia».

Ahora bien, el verlo como un producto, hace que lo compre solo quien lo necesita. Y como el materialismo ha anestesiado a tantos, proporcionándoles un agradable estado de bienestar, una zona de confort que les ha permitido tener y vivir cómodamente en términos materiales, como los ha llenado de *cosas*, son muchos —como apuntábamos— los que **creen no necesitar a Dios**. Ya están bien así[18].

Y, en tercer lugar, el relativismo-pasotismo ha engendrado al **Dios camaleónico**, el que se va adaptando a las diversas circunstancias. Aquí se ve más claramente que la fe queda para muchos reducida a cultura, a ese pedazo de costumbres, tradiciones y modas que se llevan en esa parte de tierra que les ha tocado vivir. Si has nacido en los Estados Unidos, lo más probable es que seas protestante; en Inglaterra, anglicano; en Japón, sintoísta; etc.

Estamos, en el fondo, ante un **Dios abuelita**, caracterizado por su infinita bondad (y un poco de *chocheo*) sin apenas exigencias, tolerante con *casi* todo. Así, son muchos los que piensan que da lo mismo una religión que otra porque más o menos todas dicen lo mismo (no dicen lo mismo, aunque pienso que las tres monoteístas tienen más elementos en común que

---

18 Son sus abuelos (y, hasta cierto punto, sus padres) los que rezaban más, al pasarlo peor, al carecer de ese bienestar del que ahora ellos gozan: la dureza de la vida une con Dios.

diferencias). Y cuidado con asegurar que la tuya es la buena, aparte de que eso lo dice cada uno de la suya; si insistes mucho, rápidamente eres tildado de *fundamentalista*, de persona poco tolerante, de alguien poco amante de la libertad... en fin, de mal ciudadano o persona *poco democrática*.

Por tanto, podemos concluir diciendo que **la idea de Dios que flota en el ambiente juvenil es vaga y confusa**. A las preguntas: ¿quién es Dios para ti?, ¿qué crees que es la fe?, etc. las respuestas son producto más de una intuición, de lo que otros les han contado, de un sentimiento, que de una convicción. No son temas a los que hayan dedicado tiempo de reflexión porque, en el fondo, no han logrado captar su atención, y no la han captado porque no captan todavía su carácter necesario. Además, esos tres sucedáneos de Dios tienen la misma raíz: la fe, la religión, Dios mismo; son **transferidos al reino de la subjetividad** en forma de lo que siento, de lo que puedo o no hacer, de lo que entiendo, etc.

Pero aun siendo una idea vaga y confusa para muchos, **siempre será una idea ineludible e imborrable**, ya que, dentro de esta realidad, también es cierto que hay ganas de autenticidad, de alegría y necesidad de superar la propia fragilidad. La verdad es que, estando así las cosas, el deseo de Dios pervive dentro de cada hombre: la necesidad de plenitud, el ansia de felicidad y paz perpetuas. Como decía el mismo A. Camus: «Nada puede desalentar el ansia de divinidad que hay en el corazón del hombre»[19].

Así, por muy apartados de Dios que hoy nos parezcan los jóvenes, Dios actúa ya de alguna manera en ellos, tiene un plan para cada uno[20]. San Juan Pablo II lo expresaba con estas pala-

---

19   A. CAMUS, *El hombre rebelde*, Alianza 1986, p. 171.

20   En esto consiste la doctrina de la inhabitación de la Trinidad en el alma y hace también referencia a lo que en teología se llama «creación continua»: Dios no nos ha creado en un momento determinado de la historia y luego se ha retirado. Su creación consiste en mantenernos continuamente en el ser, de tal manera que, en el hipotético caso de que Dios dejase por un instante de pensar en uno de nosotros, este se aniquilaría, dejaría en ese mismo instante de existir.

bras dirigidas a ellos en el 2000: «En realidad, es a Jesús a quien buscáis cuando soñáis la felicidad; es Él quien os espera cuando no os satisface nada de lo que encontráis; es Él la belleza que tanto os atrae; es Él quien os provoca con esa sed de radicalidad que no os permite dejaros llevar del conformismo; es Él quien os empuja a dejar las máscaras que falsean la vida; es Él quien os lee en el corazón las decisiones más auténticas que otros querrían sofocar. Es Jesús el que suscita en vosotros el deseo de hacer de vuestra vida algo grande, la voluntad de seguir un ideal, el rechazo a dejaros atrapar por la mediocridad, la valentía de comprometeros con humildad y perseverancia para mejoraros a vosotros mismos y a la sociedad, haciéndola más humana y fraterna»[21].

En fin, esos mismos sucedáneos de Dios reflejan también el hambre hacia el Dios verdadero. Muchos quieren creer. Todos necesitamos trascendencia. Y cada vez son más lo que se sienten cansados de sucedáneos. El buscarse a sí mismo, el estar girando en torno a las propias cosas, el *ir de protagonista*, el no dejar de ocupar *la pista central*... al final cansa, limita horizontes, no acaba de llenar, te encierra en su microcosmos. ¡Tanto individualismo agota!

---

21 San JUAN PABLO II, *Vigilia de la Jornada Mundial de la Juventud* 2000, n. 5.

SEGUNDA PARTE
LO QUE LES INFLUYE, LO QUE AMAN

Una vez visto lo que ha forjado su incipiente personalidad, pasamos a describir algunos puntos o coordenadas que nos ayuden a comprenderles mejor. Con ellos, intentaremos describir lo que en el fondo les mueve, lo que les importa. Algunos están muy ligados entre sí. Además, muchos no pertenecen exclusivamente a la juventud, aunque quizás en esa época resulten más llamativos.

No son una crítica. Por ejemplo, tener unos sentimientos bien anclados en la realidad, cuidar el aspecto físico, tener muchos y buenos amigos, divertirse, saber disfrutar de lo que uno hace, etc. todo eso es tremendamente positivo.

SEGUNDA PARTE

1. ESENCIALMENTE SENTIMENTALES

Empecemos destacando su sentimentalismo que, como apuntábamos, llega a confundir la *verdad* y el *bien* con lo sentido auténticamente. Algo será bueno o verdadero si ellos realmente lo sienten así, en caso contrario... Porque en el pódium de su escala de valores encontramos el hacer las cosas porque las sienten (sin ganas no las hacen o solo las hacen si les obligan). Por eso suelen ser poco racionales, reflexivos (no se plantean la existencia de algo superior a las ganas —que no sea la obligación— que les mueva).

Pero una consecuencia positiva de ese sentimentalismo es que valoran mucho la autenticidad en las relaciones. La buscan y tienen una epidermis muy fina para detectarla. Perciben con gran facilidad si aquello que se les dice sale de dentro de uno o entra dentro de lo *formal* (de todos), si es *auténtico* o si pertenece al reino de lo *políticamente correcto*.

Al respecto, recuerdo una pregunta que formulé en una clase de segundo de Bachillerato. Una chica, con cara un poco de pasar del tema que estaba exponiendo, respondió en voz alta:

«¿Quiere que le diga lo que pienso de verdad o lo que quiere escuchar?».

Detectan enseguida cuando uno, con sus preguntas, está traspasando el umbral de lo *genérico* y adentrándose en el terreno de lo personal (aunque dichos ámbitos estén hoy bastante difuminados, revueltos). Por eso les llegan más los testimonios de vida que los planteamientos teóricos.

A la hora de debatir (sobre todo si se trata de temas éticos o morales), por influencia del relativismo y sobre todo de este sentimentalismo, muchas veces no buscan razones. Su juicio de valor sobre la eutanasia o el aborto, por ejemplo, no va tan ligado a lo que estas realidades significan, sino a lo que sienten frente a ellas. Por tanto, aun sin saberlo, para captarlas y entenderlas, no bastan los argumentos de razón, porque su verdadero problema es que ellos *las sienten* de otra manera[22]. En el fondo, no buscan que se les proporcione un determinado dato, un conocimiento concreto, sino que alguien cure sus corazones heridos. Les son perfectamente aplicables, por tanto, las palabras del papa Francisco: «[Hoy en día] lo que la Iglesia necesita con mayor urgencia es capacidad de curar heridas y dar calor a los corazones. Cercanía. Proximidad. Como un hospital de campaña tras una batalla». Porque muchas de esas heridas cicatrizarán con el paso del tiempo si intentamos acompañarles, comprenderles, tener paciencia y, sobre todo, abrirles horizontes, elevar sus miradas, proponerles proyectos y metas altas[23].

El ser esencialmente sentimentalistas hace que les interesen más las sensaciones, la belleza, que la verdad o el bien. Los sentimientos predominan sobre la razón y la voluntad. Actúan si sienten que deben hacerlo. Por lo que **no les preocupa tanto que una acción sea éticamente buena o mala, sino que se lleve a término de una manera *auténtica, sentida*.** Carentes en la mayoría de los casos de una formación ética, suelen con-

---

22   Por eso se les llama *emotivistas*, porque algunos no aceptan un razonamiento lógico sobre lo bueno o lo malo, lo injusto o injusto, lo verdadero o lo falso, sencillamente porque se ven incapaces de llevar a cabo la conclusión a la que han llegado.

23   Cfr. J. M. HORCAJO, *Emotivistas por dentro y utilitaristas por fuera*, Palabra 2022, pp. 7-8. El autor propone, precisamente, crecer en magnanimidad para ayudarles a resolver este tipo de interrogantes éticos.

fundir el bien con lo placentero, pero «creer que somos buenos solo porque *sentimos cosas* es un tremendo engaño»[24], advertía el papa Francisco.

Y llama la atención, dentro de este laberinto sentimental en el que muchos se encuentran, el hecho de que **no sepan describir lo que les pasa, no saben lo que sienten ni por qué.** Encuentran gran dificultad para expresar sus propias emociones (en este aspecto, el lenguaje digital de los emoticonos les echa una mano). No saben, en el fondo, qué significa alegría, añoranza, remordimiento, rencor, apatía, etc. No se conocen, aunque ellos creen que sí (esa dificultad de conocerse se agrava por la dificultad que sienten a la hora de afrontar las dificultades, dada su poca afinidad con el sufrimiento). Y esta falta de conocimiento propio es solo un reflejo de la falta de reflexión sobre la realidad. Experimentan una cosa tras otra, en busca de sensaciones, sin pararse a pensar por qué ocurren las cosas, qué significan, cuánto valen, qué consecuencias traerán, etc.

Esta hipervaloración sentimental les hace más vulnerables, *sensibles*. Del *me gusta* al *me lo compro* suele haber dos o tres clics y, aunque tienen menos recursos para hacer frente a una publicidad a menudo invasiva (en sus móviles las ofertas y novedades parecen no cesar), se mueven y colman sus ilusiones al poseer y estar a la última, a la moda.

Tal vulnerabilidad también se pone de manifiesto cuando, ante un pequeño fracaso o una pequeña contradicción se desestabilizan, les cambia el humor y sufren. Al poseer poco aguante y toparse con la frustración o la adversidad, caen en la compensación o se hunden. Por ejemplo, extraña el hecho de que algunos abandonen la carrera después del primer cuatrimestre porque encuentran las asignaturas aburridas o, al menos, no eran como ellos las esperaban. O que dejen su primer trabajo al cabo de pocas semanas porque pensaban que podrían *aportar* algo pero, en ese poco tiempo, han visto que no.

---

24   Papa FRANCISCO, Ex. Ap. *Amoris laetitia*, n. 146.

2. La importancia del físico

Valoran mucho el aspecto físico. Lo corporal se encuentra también en el pódium de su escala de valores. La obsesión por lo físico puede llegar a convertirse para algunos en un problema, incluso en una enfermedad. Sobre todo en las chicas como, por ejemplo, les ocurre con la anorexia o la bulimia.

Dan mucha importancia a la comida y a la forma (*estar en forma*). Su canon de belleza está muy ligado a aproximarse lo más posible a un *cuerpo perfecto*, el que se exhibe en las redes (con o sin retoques de Photoshop). Suelen comer lo que les apetece (los chicos más que las chicas), hasta que se *sienten* llenos.

Y muy unido al cuerpo, están la ropa y las marcas. Les importan, las valoran. Suelen mantenerlas aunque pasen los años. En ellas buscan reconocimiento y seguridad. No se ponen cualquier cosa, cualquier vaquero o cualquier camiseta (quizás esto ocurre más en las chicas, ya que en ellas el vestido es sentido más como prolongación del propio ser: en el fondo, nos vestimos como queremos darnos a conocer). Aquellos *rotos* en los pantalones que rápidamente eran zurcidos por nuestras madres se exhiben hoy como manifestación de estar *a la última*. Una *última* muy pensada por los gurús del *marketing* y la publicidad.

Recuerdo que en *El diablo viste de Prada*, Anne Hathaway, en el papel de secretaria de Miranda (Meryl Streep, —la gurú de la moda—) prepara los vestidos para un desfile y emplea desafortunadamente la palabra *cosa* para referirse a *esas cosas de la moda*. Entonces Miranda le explica: «¿Esas *cosas*? Oh, entiendo, tú crees que esto no tiene nada que ver contigo, tú... vas a tu armario y seleccionas no sé, ese jersey azul deforme porque intentas decirle al mundo que te tomas demasiado en serio como para preocuparte por lo que te pondrás. Pero lo que no sabes es que ese jersey no es solo azul, no es turquesa, ni es marino, en realidad es cerúleo. Tampoco eres consciente del hecho de que en 2002, Oscar de la Renta presentó una colección de vestidos cerúleos, y luego creo que fue... Yves Saint Laurent, ¿no...?, el que presentó chaquetas militares cerúleas... necesitamos una chaqueta... y después el cerúleo apareció en las colecciones de ocho diseñadores distintos, luego se filtró a los grandes almacenes, y después fue a parar a una deprimente tienda a precios asequibles, donde tú, sin duda, lo rescataste de alguna cesta de ofertas. No obstante, ese color representa millones de dólares y muchos puestos de trabajo, y resulta cómico que creas que elegiste algo que te exime de la industria de la moda cuando, de hecho, llevas un jersey que ha sido seleccionado para ti, por personas como nosotros, entre un montón de *cosas*».

La imagen de los *influencers* les pesa mucho en estos dos aspectos: físico y moda. Y pueden pasarse horas buscando u observando una imagen perfecta (sin arrugas, pelo brillante, rostros morenos), *stories* de *Insta* en el gimnasio o haciendo deporte, consejos gastronómicos o ejercicios físicos para conservar el tipo (prolongan en lo físico y en el vestido el famoso *síndrome de Peter Pan*, que inicialmente se refería solo a la inmadurez emocional de tipo psicológico), etc.

Todo ello hace que muchos tengan dificultades para aceptarse tal y como son, es decir, con sus imperfecciones y defectos físicos. Y si no les gusta su nariz, su grano, sus piernas, su estómago, su color de pelo, etc. es más difícil que estén *bien por dentro.* Y como esa efímera y retocada imagen de perfección la mayoría de las veces está fuera de su alcance (nunca creen estar a la altura de esos *influencers*), acaban dedicando muchas horas a una tarea (bien sea probando varios filtros, brillos y retoques antes de subir una foto, o con todo tipo de tratamientos de estética al alcance de sus —¿pobres?— economías) que corre el riesgo de acabar en algo obsesivo o enfermizo, en algo que les impida quererse y abrirse a los demás; algo que les dificulte sociabilizar con los demás.

3. BUSCAN SER ACEPTADOS

Ya hemos comentado al inicio de estas páginas su búsqueda por ser alguien, por hacerse un hueco en los ambientes en los que se mueven (pandilla, colegio, universidad, grupo, etc.), es decir, un reconocimiento fuera del hogar. Esta búsqueda, que se inicia (en algunos casos inconscientemente) en la etapa juvenil, es para muchos un lastre que se prolonga, por falta de madurez, durante años. En el fondo, desean encontrar a alguien que los quiera como son y no por lo que hacen, por lo que tienen, por su físico, su inteligencia ni por lo que puedan llegar a conseguir. Lo que realmente necesitan ya lo cantaban a pleno pulmón *The Beatles*: *all you need is love*. Se trata, en su esencia, del mismo amor de gratuidad que deberían haber experimentado en su hogar, pero que ahora buscan en los auténticos amigos y en aquella persona que, con el tiempo, llegará a convertirse en su esposo o esposa.

Ahora bien, aunque tal reconocimiento exija cierta estabilidad (pues en realidad desean relaciones estables), viven rodeados de relaciones esporádicas, encuentros sin poso, pasajeros. Todo fluye y, de alguna manera, todavía flota en el ambiente y les influye el cortoplacismo económico de los ochenta. El amor (palabra que ellos emplean sin darle en la mayoría de las veces su más profundo sentido) suele ser epidérmico, *líquido*, efímero, de ahí la importancia excesiva al físico (que suele seguir siendo su tarjeta de presentación).

Un reflejo de la búsqueda de esa aceptación es que valoran mucho el estar juntos (con más jóvenes), estar sin excesivas pretensiones, por el mero hecho de estar, aunque si hay algún *plan*, mejor. El *hacer piña* se convierte para muchos en el ideal de unión.

Recuerdo un cinefórum con chicos y chicas en el que, al final, decidimos hacer unos mojitos que, sinceramente, salieron de pena. Comentando en el viaje de vuelta con uno lo que más le había gustado, me respondió: «El momento en el que estuvimos con las chicas intentando hacer el mojito». Las ideas culturales que salieron a raíz de la película no le habían llamado la atención, lo que realmente le llenó fue el ver el vídeo de YouTube que explicaba cómo hacer el mojito mientras, echando unas risas, trataban de mezclar el ron con las hojas de menta, el limón, etc.

Salir es verse, reunirse, compartir. Y, si físicamente no lo logran, lo buscan a través de la conexión en red. A las redes sociales pueden dedicarles horas y horas. Esos *likes* que *mendigan*, esas horas mirando la pantalla, son muestra de esa aceptación que añoran.

Finalmente, esa búsqueda de aceptación no va acompañada en la mayoría de los casos al querer diferenciarse. Buscan que se les acepte y se les reconozca, pero dentro de una masa, grupo o corriente. Es más, por falta de personalidad suelen temer individuarse, que les pregunten, se les señale… tener que intervenir en público[25].

Quizás esta actitud también ha influido a la hora de *cortarles las alas*, es decir, son más conformistas, pacíficos. Transmiten

---

25 Llama la atención que algunos se muestren recelosos a la hora de responder al móvil una llamada directa. Les cuesta más el trato directo que el que pueden llegar a establecer a través de la pantalla. En éste segundo se sienten más cómodos, controlan más. El primero puede incluso ser considerado como una pequeña invasión de la propia intimidad.

menos ganas de *comerse el mundo* que sus padres y abuelos. Quizás fueron ellos los que se lo comieron y son sus hijos o nietos los que todavía aprovechan hasta la última de las migajas.

4. EL VALOR DE LA AMISTAD

Como consecuencia de lo anterior, decíamos, perciben la amistad como un valor al alza. Es algo que buscan y valoran mucho. Encontrarse, estar con los amigos, forman parte de su ideal[26].

La amistad les ayuda a paliar la soledad, a salir de sí mismos, a aceptarse como son, a compartir intimidad (ideales, proyectos, conquistas), a conocerse y a darse. Valoran una buena charla con un amigo en un ambiente relajado en el que se bebe y fuma, o en el que se juega (práctica de algún deporte o videojuegos), o en el que se comparten aficiones (salidas, excursiones), etc.[27].

Dentro de este ámbito, a veces llama la atención el hecho de que salga a flote una intimidad familiar en un ambiente público simplemente porque uno ha empezado a sentirse bien, cómodo, o envían mensajes o cuelgan textos con cosas más bien íntimas o privadas; es decir, *lavan la ropa sucia fuera de*

---

26 En este sentido, las Jornadas Mundiales de la Juventud supusieron para muchos un gran descubrimiento: ¿dónde se escondían tantos jóvenes que buscaban a Cristo? El verse rodeados de miles de sus contemporáneos por un motivo religioso les abría los ojos: ¡no estaban solos, ni eran tan pocos!

27 Paradójicamente no pocos jóvenes me comentaron que las mejores y más interesantes (vamos a decirlo también así: «las más profundas») conversaciones que habían tenido con sus amigos o amigas tuvieron lugar en la puerta de una discoteca.

casa. Sin duda, los medios de comunicación en este aspecto han influido, ya que las emociones se han convertido en la mercancía favorita de muchos programas de televisión, donde no deja de ser chocante la facilidad con la que hacen públicos sus sentimientos.

Me llamó la atención en una charla de formación religiosa, sin venir a cuento, cómo una de las asistentes, al verse rodeada de un ambiente favorable, de repente, confesó al resto: «Cuando era pequeña, una noche, mis padres me dejaron sola. Me desperté y al llamarles no me respondían. Me entró un miedo terrible. Quizás es por eso por lo que hoy no soporto quedarme sola ni un instante».

En este sentido, las redes sociales han contribuido mucho a borrar los límites de la *privacy* porque todo puede ser instantáneamente compartido con el resto del mundo. Lo que evidencia, como apuntamos en su momento, que la línea entre lo privado y lo público es más bien borrosa.

En su pandilla se sienten aceptados, que es ya una primera manifestación de cariño, y ahí, además, como comentamos, desempeñan una función. Se sienten útiles, necesarios. ¡Son los míos! «Las normas y valores del grupo se ponen de manifiesto en su uso de la lengua, en su vestimenta, a veces en su manera de adornarse el cuerpo con *piercings* o tatuajes, y en sus preferencias musicales»[28]. Tales grupos les facilitan su salida al mundo en tanto que representan una parte de éste que creen *controlar.*

Ahora bien, ¿hasta qué punto esas amistades son tales? ¿Hasta qué punto se busca el bien del amigo en ellas? Da la impresión de que aquello que comparten es más bien superficial, una relación de *colegas.* Es decir, lo que realmente temen es quedarse fuera: *fear of missing out.* Por eso, ante la dificultad, muchos aparentes amigos… desaparecen.

---

28   J. BOSCHMA, *o. c.*, p. 186.

5. Ansias de libertad

Están en el período de la vida donde quieren ser ellos mismos y no quienes su familia o la sociedad les dicen que sean. En este sentido, son reacios a todo tipo de imposición. Les cuesta aceptar la autoridad y las jerarquías, mucho más que hace treinta años. La obediencia es algo ante lo que, de entrada, se rebelan. En esta línea, valoran mucho la libertad; pero una libertad entendida no como querer hacer aquello que les humaniza, aquello que les hace más personas, que les acerca a su fin (en muchos casos ni se han planteado que la vida tenga uno), sino como el poder hacer lo que les da la gana porque les da la gana, ser *auténticos*[29].

Muchos no se dan cuenta de que están vendiendo su libertad. Queriendo ser *rebeldes*, son muy dependientes del ambiente, de las circunstancias, de las modas y, por tanto, muy manipulables (su actuar suele ser muy predecible porque muchas veces responde simplemente a *porque todos los demás lo hacen* o *esto es lo que se lleva*). Es decir, por los pliegues de esa idea errónea de libertad, van poco a poco perdiendo personalidad.

---

29 Influidos por la visión de la libertad de la modernidad: para la modernidad, el fundamento de la libertad es inmanente, es decir, está en la propia subjetividad (no en un ser absoluto y trascendente), por lo que el hombre acabará siendo creador absoluto de los valores morales.

Y, como apuntamos en su momento, se trata de un reclamo de libertad *en compañía*, es decir, al valorar tanto lo colectivo, el grupo, temen el aislamiento. El camino hacia la *autenticidad* es algo que quieren realizar con aquellas personas que se han ganado o merecen su confianza.

6. Continuamente conectados

Internet ha supuesto un declive de la autoridad como fuente de conocimiento, pero también ha supuesto una oportunidad única de compartir: música, fotos, textos, tu vida, todo. El *gran portal del mundo* no es percibido como lo fue para la Generación X para informarse (una especie de gran biblioteca), sino para relacionarse.

Internet, el gran supermercado, resulta ser su gran tabla de salvación: permanece abierto las 24 horas, se ha convertido sobre todo en el lugar de encuentro por excelencia. Internet les ayuda a no estar solos (máxime cuando han sufrido las desavenencias de un hogar desestructurado). La amistad para ellos implica estar continuamente conectados, e internet les facilita el contacto personal a través de lo virtual (el problema es cuando esas relaciones se quedan en el mero plano virtual, ya que el enriquecimiento *personal* es, obviamente, menor).

También ha mejorado su posibilidad de interactuar, pero ha disminuido su capacidad de concentración[30]. «Saben extraer toda la información necesaria de seis programas a la vez

---

30 N. G. CARR, *Superficiales: ¿Qué está haciendo internet con nuestras mentes?*, Taurus 2017. El autor muestra, en relación con lo dicho, la superficialidad en la que están cayendo muchos jóvenes, que queda de manifiesto, por ejemplo, en la dificultad de leer de modo continuo, en la poca retención de lo leído, en la falta de fijación, de constancia en proyectos a largo plazo, etc.

haciendo un *zapping* calculado sin perder el hilo de ninguno de los seis. Saben desenvolverse con la información discontinua. En otras palabras, no necesitan, como nosotros, que la información se dé en orden lineal. Ellos pueden ver fragmentos del total y saber exactamente qué es lo que sucede»[31].

El hecho es que viven continuamente conectados: en el coche, en el cine, en la playa, en la montaña, en cualquier situación les vibra el móvil. Por la calle, es habitual verlos observando no al resto de la humanidad, ni el cielo, ni los semáforos; sus oídos y ojos suelen estar ocupados en escuchar música y/o mirar la pantalla. Este hecho tiene que ver con la necesidad de ser aceptados y, por tanto, es una especie de remedio frente a la soledad. No están formados para que, por unos minutos, *no ocurra nada*. No saben gestionar la sensación de vacío (o de silencio), y es ese vacío el que intentan *rellenar* con mensajes, canciones, series, videojuegos, pelis y, por supuesto, con las redes sociales. En muchos casos sufren una adicción real (dependencia de la dopamina), y esto hace que encuentren más dificultad para expresarse, para sociabilizar (por ejemplo, cuando están delante de alguien pero pendientes del móvil) y, como apuntamos, para retener (en el aprendizaje), ya que una imagen llama a otra en un sucederse hasta el cansancio.

Esto les hace perder creatividad, que les cueste más gestionar el silencio, interiorizar lo vivido y ocurrido, rezar. Si al cabo de unos segundos perciben que «no pasa nada» se ponen nerviosos. Necesitan interactuar continuamente.

Por eso, en su pódium de valores está el móvil. Viven enganchados a él. Este aparato forma parte de ellos mismos, no salen sin él, como no salen sin ropa. Un móvil es mucho más que un teléfono, es una apertura al mundo, libertad, amigos, diversión, videos, bromas, mensajes, noticias, películas, música, series, juegos, resultados de fútbol, pronóstico del tiempo, últimas tendencias de moda, etc. Un joven sin móvil es un extraño.

---

31   J. BOSCHMA, *o. c.*, p. 103.

Si hace cincuenta años, alguien, mirando al teléfono que con su cable se conectaba al auricular, nos hubiese dicho: «Ese aparato, dentro de poco, cambiará tu vida», le hubiésemos tomado por loco.

7. Sexualmente pringados

Respecto a la afectividad y la sexualidad, diríamos en primer lugar que desconocen que la verdadera felicidad está en la entrega y que el sexo es para el matrimonio y la familia[32]. Desconocen el valor y la dignidad de sus propios cuerpos, incluso que ellos son su cuerpo. Además, los tres primeros puntos que comentamos les hacen propicios a una afectividad muy dependiente de los cambios de humor, de las circunstancias.

No basta con que haya consentimiento mutuo ni atracción mutua para que el sexo exprese verdaderamente el amor. Por eso, aunque muchos empleen la palabra *amor* para referirla al sexo, la realidad práctica es que **el amor ha dejado de informar la sexualidad**, esta ya no necesita del amor para ejercitarse: «Te tengo para satisfacer mis instintos y ya está. Ni te sientas pillado, ni a mí me calientes la cabeza. Tendremos sexo sin compromiso mientras estemos bien y punto».

---

32 Dice el *Catecismo de la Iglesia católica*: «La castidad significa la integración lograda de la sexualidad en la persona y, por ello, en la unidad interior del hombre en su ser corporal y espiritual. La sexualidad, en la que se expresa la pertenencia del hombre al mundo corporal y biológico, se hace personal y verdaderamente humana cuando está integrada en la relación de persona a persona, en el don mutuo total y temporalmente ilimitado del hombre y de la mujer» (n. 2337).

Enrollarse es el término al que se refieren para describir el intercambio de besos y muestras de cariño[33]. El proceso de conquista empieza, muchas veces, con el *rollo*. Luego vendrá el tratar de conocerse mejor. Este modo de iniciar una relación responde, en el fondo, a la falta de seguridad en sí mismos y en sus posibilidades de conquista. De hecho, en no pocos casos, se sirven del alcohol para lograr un cierto grado de desinhibición y dar ese paso. Alguno o alguna razona: «Bueno, al menos me enrollo, no vaya a ser que después sepa cómo soy y no me acepte». Ese conocerse posterior va encaminado a determinar si de ese inicial *rollete* puede llegar a surgir algo más estable.

El instinto sexual es *vago, fuerte* y *pringoso*. Es *vago* como el oso perezoso que tarda en despertar pero que, si lo hace, es *fuerte*. Y *pringoso* porque una vez que despierta no deja de dar la lata, como el pesado mosquito que, por muchas ventanas que abras, no abandona la habitación. Y ellos suelen vivir *sexualmente pringados*, nadan en un mundo con un fuerte carácter sexual y muy marcado por lo emocional: las series, la música, etc. lo que ven y oyen, muchas veces, posee contenido sensual o erótico[34]. Desde pequeños, muchos han tenido *barra libre* para consumir entretenimiento y nadie les ha explicado que hay que poner filtros, es decir, que no todo lo que pueden ver les hace bien[35].

Si H. Arendt se dio cuenta de la banalidad del mal, me atrevería a decir que lo primero que contagió ese mal fue la sexualidad humana: hoy, el sexo, tal y como lo perciben muchos

---

33 Coloquialmente puede también significar la falta de disciplina, de brevedad, en el hablar o al expresarse, también el plegar sucesivamente (hasta hacer un rollo) determinado material, como papel o tela. Lo que desconozco es *cómo dicho término ha terminado aplicándose a* lo que ellos intentan describir.

34 Un tercio de las páginas que diariamente se consultan en internet son de contenido pornográfico. Su consumo produce más soledad, dificulta la afectividad (debilita los afectos), alteraciones en la conducta, debilita la libertad (por su adición), retrasa el compromiso matrimonial, etc.

35 Hoy en día, cada vez es más normal que un niño de 12 años tenga acceso a Netflix, Amazon Premium, etc. desde un dispositivo para él solo.

jóvenes, está despojado de su carácter sagrado, está banalizado. El sexo es, sobre todo, algo placentero y/o divertido. La sexualidad no es vista como algo sagrado, grandioso y bello, capaz de engendrar una nueva vida. La banalizan y, con ella, a la persona: tratada sexualmente como un objeto para la propia o mutua satisfacción. Vista como conquista, como posesión. Sobre todo en ellas, el conseguir *enrollarse* es algo parecido a ganar una medalla o *haber pescado un pez*; enseguida lo comunican a sus amigas y, estas, a otras y así sucesivamente... A las relaciones sexuales solo les piden que sean *auténticas*, en el sentido de que en esos momentos ambos sientan *auténticamente* lo que hacen.

Como apuntábamos, quienes añoran la *fidelidad* y la *estabilidad* en esas relaciones, suelen ver (por la emotividad en la que nadan) estas características como un ideal inalcanzable[36]. Otros, ni siquiera las desean (quizá por la experiencia vivida en el seno de sus propias familias). Buscan simplemente... *estar bien* o *tener una aventura*: encuentros intensos y esporádicos, sin compromiso. Les asusta el compromiso, el miedo a atarse (¿o al fracaso?)[37].

Les venden que, para comprometerse, deben antes conocer plenamente al otro, y esta plenitud debe incluir tener relaciones conyugales. ¿Qué es realmente conocer? O, más fácil, ¿qué decir a los que, tras perder su virginidad, luego lo han dejado? ¿Se conocieron poco? Se explica que tal razonamiento, en parte, se deba al miedo al compromiso; sin embargo, quien así razona está pensando en la sexualidad como en una técnica *más que como* en una entrega plena, busca *más la propia satisfacción*

---

36 Al considerar la permanencia de una relación como algo casi inalcanzable, se conforman en muchos casos con una sexualidad no correspondida; una sexualidad que, aunque emocionalmente les daña, *es lo que hay*.

37 El darse, el entregarse para siempre a alguien, no es visto como liberación sino como atadura: no es percibido como aquello que saca de uno lo mejor, sino como algo que puede atarle, quitarle o limitarle la libertad. Los hijos, en ocasiones, también quedan *pringados* por esta egoísta visión.

que el donarse. No podemos controlarlo todo y menos aun a una persona. No somos completamente estables ni completamente *conocibles.* Es más, una parte importante del yo aflora precisamente en la confianza ante lo desconocido. Quienes así razonan pretenden tenerlo todo controlado y pensar que por *sí mismos* están completos y se conocen.

Por último, debemos mencionar, como apuntábamos en las primeras páginas, que en la mayoría de los casos han sido formados con una idea de lo religioso opuesta a la sexualidad o, al menos, como una realidad a la que se mira con recelo o ante la cual, lo primero que hacen, es prevenirte o darte consejos. Y estos perjuicios, muchas veces, les alejan de Dios. Desconocen que el creador de la sexualidad es el único que puede llevarla a su plenitud. Desconocen el significado del gozo sexual. Y sin darse cuenta, y pensando que desean demasiado, en realidad están deseando demasiado poco, conformándose con un *amor de baratija.*

Esta visión de la sexualidad, manifestación de su propia inmadurez, hace que retrasen la edad para contraer matrimonio (en el caso de que quieran contraerlo). El humorista José Mota logró expresar esta característica en un *sketch* donde hizo famosa la frase: «No te digo que me lo mejores, iguálamelo», refiriéndose al cuarentón que todavía vive en casa de sus padres porque, ellos, se lo dan y hacen todo (o casi todo). Y es que no son pocos los jóvenes, con mentalidad de jubilado, que lo único que desean es vivir bien, un *vivir bien* que queda prácticamente reducido a trabajar poco y tener tiempo para las cosas que les gustan.

8. Fiesta, música, alcohol (y *otras* drogas)

Todos estos elementos forman también parte de su pódium. Llama la atención la importancia que para muchos ha cobrado esa forma de diversión llamada *movida, salida*. La primera de las expresiones hace referencia al baile; la segunda, al estar juntos con los amigos. Compartir, bailar, conocer y hacer nuevos amigos es algo característico de estas edades. Sin embargo, en algunos casos, este modo de divertirse queda enfocado a un beber sin límites (el llamado *botellón* hace este deseo más asequible económicamente) y, en la medida de lo posible, en una búsqueda de contacto sexual. Y, pese a que en algunos casos este tipo de experiencia acabe en vómito y resaca, el fin de semana siguiente, si pueden, repiten. Se trata de una efímera y forzada felicidad que parece celebrar lo absurdo.

Actuando así, desconocen el sentido de la fiesta. Ciertamente, su fiesta consiste en romper con lo cotidiano, pero con un modo de celebrar que no les acaba llenando. Ese *romper* funciona como la cortisona que no cura la herida en su raíz. Y la fiesta, así vivida, lleva el peligro de ir *fomentando* una doble vida: esa chica que baila en medio de la pista fuera de control o ese chico de aquel grupo de botellón, medio colocado, que está diciendo tonterías... ¿son los mismos que se sientan en el instituto dos filas delante de ti, estudiosos y aplicados?[38].

Finalmente, un elemento clave en toda fiesta: la música. En muchas de ellas juega un papel fundamental: evita la soledad y posee una fuerte carga emotiva. Les ayuda a evadirse y a sentirse vivos; a olvidar y recordar; a sentir más intensamente. También puede vivirse como una manera de *rebelarse*, de protestar, de identificarse con los más necesitados o marginados, con lo injusto. En el fondo, manifiesta un anhelo de *ser el dueño del local*, el jefe de la propia vida: «*Aquí* mando yo y pincho [oigo] lo que me da la gana sin *límites de ningún tipo*». Paradójicamente, a veces escuchan letras contrarias a los valores que defienden.

La música les invita a soñar, a viajar donde no pueden, a llenarse por unos minutos de ilusiones y emociones. Una especie de viaje en el tiempo que les permite acceder a diferentes estilos, épocas y modas. Les transmite esperanza, proactividad y ganas de vivir. Les permite sintonizar con los demás; saben de cantantes (ídolos) y, así, pueden iniciar o intervenir en una conversación, aunque en ocasiones también la emplean para evitar a los demás. Ponerse los cascos es más fácil que abrirse. En definitiva, con o sin cascos, la música es un tema muy recurrente. Si uno les pregunta las horas de Spotify consumidas anualmente se sorprendería.

Para la mayoría, la música se ha convertido en un producto de consumo (en una especie de droga). Consumida en exceso conlleva, como cualquier adición, sus secuelas psicológicas. Muchos poseen sus propias *playlists* según el ámbito o ambiente en el que se encuentren: gimnasio, ducha, viajes y... distintos tipos de *estudio* (no es lo mismo la música que oyen cuando hacen ejercicios que cuando deben memorizar). Pero también las poseen según su estado de ánimo: *subidón* o

---

38   Esa doble vida suele darse también a la hora de mostrarse en las redes sociales.

bajón, alegría o *tristeza*. La música se convierte así en una vía de emergencia, sanación y disfrute.

En fin, juega también la función de tapadera de vacíos, de conectarse para desconectar. Y, al igual que le ha pasado a la fiesta, su excesivo consumo ha desvirtuado este arte histórico y a la vez moderno, esta expresión humana, esta forma de comunicarnos, de compartir y transmitir aquello donde muchas veces no llegan las palabras, de rezar.

9. UN FUTURO LABORAL
MUY COMPETITIVO

Al mirar el futuro, constatan que les espera un ambiente laboral muy competitivo. Sus **ideales** quedan casi centrados en ganar dinero (consiguiendo un buen trabajo). Ideales de otro tipo, como políticos (la imagen que transmiten los políticos, con sus constantes cambios de opinión, no les suele resultar muy atractiva) no les atraen porque no les dicen mucho. Esto no implica que no tengan sus propias opiniones (más o menos cultivadas) en dicho campo. Con todo, en la mayoría de los casos, no se plantean conquistar ni cambiar nada: intentarán pelear por *hacerse un sitio* en la sociedad, ganar dinero y que les dejen en paz. Esa magnanimidad, característica de su edad, suele estar anestesiada por el materialismo y el estado de bienestar.

Pero la sociedad de consumo no les abruma, tratan de sacar de ella el mayor partido. Porque «saben que pueden ponerse en contacto con quien deseen, donde y cuando lo deseen, y que pueden elegir por sí mismos con quien quieren relacionarse o no»[39].

Respecto a su modo de trabajar, destacaría estos tres aspectos: en primer lugar, hay que tener en cuenta que si les preguntas su opinión esperan que sirva para algo, si no, no la darán.

---

39   J. BOSCHMA, *o. c.*, p. 45.

En segundo lugar, no están habituados a respetar una jerarquía: si tienen un problema, localizan a quien puede ayudarles y se pondrán en contacto directamente con él (con permiso o sin permiso de su jefe o superior). Y, finalmente, trabajan mejor impulsados por motivaciones internas que por presiones externas. Trabajan con confianza y esperan aportar.

¿Sus modelos? Los chicos admiran, siguen, opinan y viven el fútbol u otro deporte y sus protagonistas, por lo que los deportistas les influyen con sus comentarios, su modo de vida, ¡hasta con su manera de cortarse el pelo![40]. Por su parte, las chicas se fijan e imitan a modelos, cantantes, actores (actrices), etc. Pero tanto ellas como ellos siguen a los *reyes* de las redes: *youtubers*, *influencers*, etc. Personas ricas o famosas, no necesariamente íntegras, y guapas (independientemente de la vida que lleven).

Pasando al ámbito económico, lo que suelen percibir en los grandes CEOs, gurús o gente con poder, es que lo importante es llegar ahí, no importa el precio a pagar. Además, como no son pocos los participantes, si lo logras tú no lo logrará otro. Por tanto, tus conocimientos y habilidades son para ti, no los compartas o los perderás.

Quizás este ambiente individualista y competitivo tire a muchos hacia atrás a la hora de proponerse grandes ideales. Como ya dijimos, llama la atención (frente a jóvenes de otras épocas o décadas con muchos menos medios materiales) el hecho de que *no quieran comerse el mundo* (ni siquiera lo intentan), la falta de espíritu emprendedor (prefieren la seguridad frente al riesgo), el gran conformismo o pasotismo que les invade. Carecen en muchos casos de motivación. Y predomina en ellos una actitud pasiva más que activa: «A ver si tengo suerte», «a ver si me fichan», «a ver si paso el examen», «a ver si se fijan en mí... como si todo dependiese del azar o si sus esfuerzos o aportaciones fuesen irrelevantes. *Sacarse las castañas del fuego* no les va.

---

40 Hacer deporte sigue siendo una de sus actividades favoritas.

10. LA VIDA COMO RECLAMACIÓN
DE DERECHOS

Creen que todo les es debido porque tienden a situarse en el *centro de la pista*. Perciben y viven la vida como un derecho. Lo contrario al don. La vida es una especie de carrusel que gira en torno a ellos. Los demás, los acontecimientos, todo lo observan y juzgan desde la atalaya de su pequeño microcosmos. Esta generación, más que la de los sesenta, necesitaría volver a escuchar la famosa frase de J. F. Kennedy en su discurso de investidura: «No pienses qué puede hacer tu país por ti. Piensa qué puedes hacer tú por tu país». En este sentido, se rebelan cuando les quitan aquello que consideraban un *derecho adquirido* o cuando las cosas no salen según lo previsto. Una actitud que va muy unida a la queja[41].

Y esta actitud no les ayuda a salir de sí mismos, a mirar a los demás, sobre todo a los menos favorecidos. Por el contrario, fomenta el hecho de que vivan en una continua tensión, comparándose constantemente y, en vez de agradecer lo que tienen y gozar de cierta paz, viven bajo la máxima del poeta: «La cose-

---

41 Algo no exclusivo de ellos, sino muy generalizado. Taxistas, bomberos, médicos, transportistas, pescadores, etc., todos se quejan: sus salarios son siempre bajos y sus condiciones laborales nunca del todo buenas.

cha parece siempre mejor en el campo de nuestro vecino, y la vaca de nuestro vecino siempre da más leche» (Ovidio).

Esta actitud narcisista les lleva a la desconfianza y a un cierto trato utilitarista con los demás: les prestan muchas veces su atención en la medida en que hay algo que les interesa o pueden aprovechar.

Sin duda, Internet nos ha acercado, nos da la posibilidad de saber lo que ocurre en tiempo real en la otra parte del mundo pero, de alguna manera, también nos ha «cerrado». Como apuntamos, son capaces de estar leyendo una noticia sobre los desastres de un terremoto en Japón a la vez que toman el bus, el metro o el tren sin fijarse para nada en sus compañeros de viaje. Por eso les cuesta, por ejemplo, al llegar a una sala en la que hay más gente, caer en la cuenta de que aquel anciano no tiene sitio y de que aquella señora con muletas tampoco. Y si venían hablando a gritos, al hacer acto de presencia, siguen haciéndolo, sencillamente porque no se dan cuenta de la existencia de los demás. Ellos… a lo suyo. Viven más en *off* que en *on*, lo cual no deja de ser incompatible con el siguiente rasgo.

11. Una experiencia distinta: el voluntariado

Esta palabra a muchos les suena a algo parecido a *hacer el bien* o *dar su tiempo a los demás*. Se trata de una experiencia distinta, gratificante, que suele chocar con el nivel de vida al que están acostumbrados. Una manera consciente o inconsciente de hacer algo por los más necesitados (niños, ancianos, enfermos, pobres, etc.), de romper su zona de confort; una oportunidad para darse y compartir lo que hasta el momento han recibido.

Hoy en día está de moda, y las empresas suelen valorar encontrar este tipo de actividades cuando les presentas tu currículum. Las ven como muestra de preocupación por los demás, de buscar algo más que *hacer carrera*.

El voluntariado les pone por unas horas o días delante de otras necesidades; les hace sentirse bien y les abre la puerta al planteamiento de una vida más profunda, vivida de otra manera, a los grandes interrogantes, al servicio como camino de felicidad. Y ante esas *otras necesidades,* muchos caen en la cuenta de que no necesitan tantas cosas, de que la vejez les llegará y la enfermedad probablemente también, de que quizás uno gane más sirviendo que recibiendo. En fin, la cercanía con los más necesitados les saca de su zona de confort, les marca y les hace alejarse de su victimismo: perciben dónde están las verdaderas víctimas.

Además, cuando este tipo de actividades no se reduce a prestar anónimamente unos determinados servicios, sino que logran sintonizar e involucrarse con la gente a la que ayudan, conocer sus vidas y sus historias, el enriquecimiento personal es mucho mayor. Recuerdo cómo un profesor de medicina preguntaba a sus alumnos de primero si estaban a favor o en contra del aborto y comprobaba que la mayoría eran partidarios. Pero que esos mismos alumnos, al llegar al último curso y tras varios años de voluntariado (algunos ayudando a madres embarazadas), cambiaron de opinión.

12. Evitar a toda costa el sufrir

Y, finalmente, esa prolongación del infantilismo, el hecho de que tarden más en madurar, la falta de compromiso, etc. hace que su actitud ante el sufrimiento (cuando el dolor aparece en sus vidas) sea de desconcierto. Formados en una familia que se propuso darles de todo, se sienten muchas veces desarmados, sin recursos ante el dolor.

No suelen dejar el trozo de pizza más grande, compiten por el asiento con ventanilla, por el mejor pedazo de carne y, entre el plátano y la manzana, suelen escoger el primero por su facilidad a la hora de pelarlo. Si antes decíamos que sus ideales son pequeños y su conformismo es grande, esto se debe también a cierta falta de fortaleza y sacrificio. No quieren ser héroes porque no tienen capacidad de sufrimiento.

Hoy se ha reducido mucho la distancia entre el deseo y la posesión. Internet nos permite convertir los deseos en realidades en uno o dos clics. Si la información no está al alcance de la mano, no les interesa. La facilidad de acceso es fundamental para el triunfo de una *app*, para la venta de un producto. Y esto hace que, ante sus ojos, los caprichos encuentren poca resistencia. El *me gusta*, el *lo quiero*, son tan solo impedidos por la falta de saldo en la tarjeta.

De ahí la pereza que invade sus vidas. Y la falta de constancia, de perseverancia, para sacar adelante cosas grandes. *Ponerse* y *rematar* son sus asignaturas pendientes.

TERCERA PARTE
TE PRESENTO A DIOS

Ante este panorama, retomamos la pregunta inicial: ¿por dónde empezar a hablarles de Dios? ¿Cómo podemos presentarles al Creador de ellos mismos y del universo entero, a aquel que existía antes que ellos, quien les sostiene en el ser y les espera tras la muerte? ¿Aquel que anhela cada día compartir su Vida con ellos, para echarles una mano, mostrarles todo lo bello e increíble que les rodea, elevarles, curarles? ¿Cómo acercarles a Aquel que colma todo anhelo de felicidad?

Evidentemente, al referirnos a Dios hasta aquí teníamos en mente al Dios uno y trino. Pero a partir de ahora nos centraremos en la segunda persona de la trinidad, en Cristo. Él es quien ha puesto a Dios un rostro humano, quien nos ha presentado al Padre y nos ha dado a conocer todo lo que oyó de Él (cfr. Jn 15, 15). Cosa imposible sin el Espíritu. No hay acceso al Padre sino es por Jesucristo, con quien comparte un solo Espíritu y con quien conforma una sola divinidad. Por tanto, a partir de ahora, el hecho de decir «te presento a Dios» equivaldrá a un «te presento a Cristo»[42].

---

42 Al contemplar la vida de Jesús e intentar penetrar en su corazón, estamos encaminándonos hacia el Padre. Así, casi sin darnos cuenta, el Espíritu estará suscitándonos y poniendo en nuestros corazones un ¡Papá! Además, la vida cristiana encuentra en Cristo su centro, es *cristocéntrica*, por lo que, a diferencia de lo que ocurre con el resto de las religiones, el cristiano tiende espiritualmente a identificarse con Cristo.

Hecha esta aclaración y tras resumir los valores que ocupan su pódium, hablaremos de aquellas ideas sobre Dios que más les podrían ayudar a dar el paso a lo trascendente. Las expondremos según *un cierto orden lógico, pero no necesario*. Es decir, aunque todas están enlazadas entre sí, dependiendo de la persona concreta o del fórum ante el que nos encontremos, podremos exponer únicamente las que consideremos más apropiadas y les daremos el orden que consideremos oportuno. De todas maneras, este conjunto de ideas constituyen un punto de arranque válido para generar confianza, imprescindible para realizar juntos un camino, ya que **sin confianza la transmisión y recepción de cualquier idea (máxime si se trata de ideas que hacen referencia a una persona) resulta algo más arduo, aséptico.** Y si bien es cierto que la verdadera confianza no se transmite con ideas, sin ella estas ideas sonarían quizá bonitas, pero utópicas.

En fin, en las verdades que tratan de describir estas ideas no se deja de escuchar, como música de fondo, esas cuatro características claves que acabamos de ver reflejadas en muchos de los puntos con los que hemos descrito a los jóvenes: la fragilidad, el grupo, la autenticidad y la alegría. Y se trata de verdades densas en su contenido. Por tanto, nos conviene volver sobre ellas con cierta frecuencia, de modo que poco a poco vayan asentándose en nuestra mente y corazón y, a la hora de exponerlas, seamos capaces de transmitirlas con convencimiento y gran naturalidad. No se trata de ideas teóricas, sino de vida vivida. No solo nos presentan y acercan a la divinidad, también nos hacen semejantes a Cristo.

1. No estás solo: «Pero a tu lado»

En el estribillo de una canción de mediados de los noventa se decía: «Ayúdame y te habré ayudado/que hoy he soñado en otra vida/en otro mundo, pero a tu lado» (Los Secretos). Me parece fundamental empezar con esta idea, descubriéndoles algo tan elemental como: «Tranquilos, no estáis solos», o «Dios está a vuestro lado».

Y me parece esencial, porque si esos tres factores que infectaban el ambiente cultural desembocaban en el individualismo, el saberse acompañado es algo que lo rompe de raíz. Frente a un materialismo, hedonismo y relativismo que cada vez nos apartan más de los demás, emerge esta primera idea: creemos en un Dios que está mucho más cerca de nosotros de lo que podríamos imaginar. San Pablo nos desvela esta asombrosa verdad cuando asegura que «en *Él* vivimos, nos movemos y existimos» (Hc 17, 28).

Fue el mismo Jesús, antes de abandonar físicamente este mundo, quien prometió a los suyos: «Si me amáis, guardaréis mis mandamientos; y yo rogaré al Padre y os dará otro Paráclito para que esté con vosotros siempre: el Espíritu de la verdad, al que el mundo no puede recibir porque no le ve ni le conoce; vosotros le conocéis porque permanece a vuestro lado y está en vosotros. No os dejaré huérfanos, yo volveré a vosotros» (Jn 14, 15-18).

Y momentos justo antes de irse, les confirmó (se trata de la última frase del evangelio de Mateo): «sabed que yo estoy con vosotros todos los días hasta el fin del mundo» (Mt 28, 20). Es decir, Cristo, nuestro Dios, se fue, pero de alguna manera también se quedó[43].

Así lo explica Benedicto XVI partiendo, esta vez, de las últimas frases del evangelio de Lucas: «Los sacó hasta cerca de Betania y, levantando sus manos, los bendijo. Y sucedió que, mientras los bendecía, se alejó de ellos y se elevaba al Cielo. Y ellos le adoraron y regresaron a Jerusalén con gran gozo. Y estaban siempre en el Templo bendiciendo a Dios» (Lc 24, 50-53).

El Papa emérito comenta: «Lucas nos dice que los discípulos estaban llenos de alegría después de que el Señor se había alejado de ellos definitivamente. Nosotros nos esperaríamos lo contrario.

»Nos esperaríamos que hubieran quedado desconcertados y tristes [...]. [Pero] los discípulos no se sienten abandonados; no creen que Jesús se haya como disipado en un cielo inaccesible y lejano. Evidentemente, están seguros de una presencia nueva de Jesús. Están seguros de que el Resucitado [como Él mismo había dicho, según Mateo], está presente entre ellos, precisamente ahora, de una manera nueva y poderosa. [...] la *ascensión* no es un marcharse a una zona lejana del cosmos, sino la permanente cercanía que los discípulos experimentan con tal fuerza que les produce una alegría duradera»[44]. Creerse esta verdad. Experimentarla de alguna manera. Sentir esa cercanía, esa alegría. Ese es el primer paso.

---

43 Evidentemente ese quedarse se aplica a su presencia sacramental en la Eucaristía, pero hay más...

44 J. RATZINGER-BENEDICTO XVI, *Jesús de Nazaret. Desde la Entrada en Jerusalén hasta la Resurrección*, Encuentro 2012, pp. 262-263.

San Josemaría dejó escrito en *Camino*: «Es preciso convencerse de que Dios está junto a nosotros de continuo. Vivimos como si el Señor estuviera allá lejos, donde brillan las estrellas, y no consideramos que también está siempre a nuestro lado» (n. 267). Y recuerdo que hace años leí el siguiente favor de este santo que me impresionó:

Se trataba de una celebración familiar. Una barbacoa. Era verano. Tras la comida, la gente se fue retirando sin darse cuenta de que una de las niñas pequeñas se había caído a la piscina.

La primera en percibirlo fue su madre que, desde uno de los balcones, pegó un grito. Había varios médicos en la familia que, tras sacar a la niña del agua, trataron de reanimarla. El pánico, el desconcierto y el desánimo se mezclaban entre los que veían a la niña un poco hinchada y con otro color al borde la piscina. Pero mientras la ambulancia se acercaba, la madre pidió que cambiasen sus lloros por rezos. En concreto, que le pidiesen a san Josemaría una curación de su hija sin secuelas.

La niña llegó al hospital, se recuperó *milagrosamente* y, a los pocos días, pudo reincorporarse al colegio. Lo que realmente me impresionó fue el último comentario de la madre al relatar este favor: «Y yo estaba convencida de que Dios pasaba tan cerca de nosotros en aquellos momentos que, si hubiese extendido el brazo, le hubiese tocado».

Si hubiese extendido el brazo.... Pero se trata de un brazo a extender no solamente en momentos así, en situaciones críticas o desesperadas, sino siempre[45]. Nuestro Dios no es un chaleco salvavidas. *Dios está junto a nosotros de continuo. Siempre a nuestro lado.* Quiere, ya en esta tierra, compartir su vida con nosotros.

La soledad es la pobreza más radical y terrible. Este es quizás el mensaje que desprende la lectura del libro de Madre Teresa,

---

45 Se trata de ese brazo que se extiende por encima del hombro del amigo. Profundizaremos en ello al tratar la tercera de las ideas: «el trato con Jesucristo va de amistad».

Ven, sé mi luz. Esa oscuridad que Dios permitió en el alma de la santa durante años quedaba explicada más o menos así: si has de pasar a la historia como la santa de los pobres, entre los más pobres del siglo XX, deberás experimentar que, en el fondo, la pobreza es no tener a nadie... no tenerme a Mí.

Dios quiere acompañarnos en nuestras decisiones, preocupaciones, ante el futuro incierto, ante nuestros defectos y limitaciones, durante toda la vida. Él sale a curar nuestros miedos, nuestras heridas. Por eso, **la fe hace que gocemos de la compañía de Dios.** De este modo, el hecho de creer, lo primero que aporta es un *Otro* con quien compartir la existencia, paliando así uno de los grandes temores del ser humano: la soledad.

Pero nos preguntamos: ¿cómo experimentar esa cercanía? ¿Cómo gozar de la presencia de quien ni vemos, ni olemos, ni oímos, ni tocamos, ni gustamos? Y la respuesta no puede ser otra: la sensación de su presencia la da Él cuando quiere y de la forma que quiere. A nosotros solo nos toca pedirla y buscarla. San Agustín la descubrió cuando escribió: «¡Tarde te amé, hermosura tan antigua y tan nueva, tarde te amé! Tú estabas dentro de mí, y yo fuera, y por fuera te buscaba, y me lanzaba sobre las cosas hermosas creadas por Ti. Tú estabas conmigo y yo no estaba contigo. Me retenían lejos de Ti todas las cosas, aunque, si no estuviesen en Ti, nada serían. Llamaste y clamaste, y rompiste mi sordera. Brillaste y resplandeciste y pusiste en fuga mi ceguera. Exhalaste tu perfume y respiré y suspiro por Ti. Gusté de Ti y siento hambre y sed. Me tocaste y me abraso en tu paz»[46].

En la última cena, Jesús desvela a los suyos unas palabras ante las cuales podríamos protestar, replicarle. Les dice: «Os conviene que Yo me vaya". A lo que podríamos alegar: «No, no nos conviene nada. No nos conviene nada porque seguirte ha

---

46 Otros conocidos autores que de un modo extraordinario han sentido también esa presencia de la divinidad son, por ejemplo, M. García Morente, como narra en su libro *El hecho extraordinario*, o A. Frossard en *Dios existe. Yo me lo encontré.*

sido lo mejor que hemos hecho, la elección mejor de nuestras vidas. Tenerte, estar contigo, ha sido lo mejor. No te vayas». Pero Él sigue diciéndoles: «Pues si no me voy, el Paráclito no vendrá a vosotros» (Jn 16, 7). Es decir, el Espíritu Santo es el que hace posible que Jesús se quede con nosotros y no solo, obviamente, en la Eucaristía (que es posible gracias al Espíritu Santo). En el fondo, ese «os conviene» es caer en la cuenta de que, de cara a nuestra santificación, nos es más provechosa la presencia de Dios *en* nosotros que *con* nosotros. Dios en nosotros no solo cuando comulgamos... sino al darnos cuenta de cómo actúa a través de nuestras palabras, obras, miradas... ¡Dios en nosotros!... no al lado... *en*, desde lo más íntimo de nuestro ser.

Y aunque a algunos les guste por momentos estar solos, todos hemos experimentado la diferencia entre realizar un viaje largo solo o acompañado. La música o los videos suelen, en el primer caso, echarnos una mano para paliar esa soledad y distraernos. Por el contrario, ¡qué rápido pasa el tiempo cuando logramos entablar una buena conversación con el de al lado!

Podemos pensar en el papel que juegan hoy tantos animales de compañía, en ese miedo a envejecer solos, en... Por lo que la compañía divina es algo, sin lugar a dudas, que suma. Nuestra religión suma. El cristianismo es cruz y la cruz es el símbolo de la suma, no de la resta. «El cristianismo, y sobre todo el catolicismo, es la religión del *et-et*, no del *out-out*»[47].

Dios no está contra el hombre, no hace competencia con él. Es más, es el que hace que todo lo humano se potencie al máximo, llegue a su esplendor. Su gloria es vernos llenos de vida. Como decía san Ireneo: «La gloria de Dios es el hombre viviente, y la vida del hombre es el conocimiento de Dios».

Su compañía, por tanto, es para ayudarnos a alcanzar una vida plena y nos proporciona, en primer lugar, una gran paz. Por eso, *tranquilo, no temas*. Esta palabra, **paz,** es el inicio del

---

47   V. MESSORI, *Por qué creo. Una vida para dar razón de la fe*, Libros Libres, p. 14.

saludo de los ángeles a los pastores apenas ha nacido Jesús y el de Cristo resucitado a los suyos, es decir, un saludo que engloba toda su vida terrenal. Porque «el anuncio evangélico comienza siempre con el saludo de paz»[48]. **Pase lo que pase. Ocurra lo que ocurra. Suceda lo que suceda. Dios está contigo. Tranquilo.**

Como confesaba santo Tomás Moro a su hija Margarita: «Ten, pues, buen ánimo, hija mía, y no te preocupes por mí, sea lo que sea que me pase en este mundo. Nada puede pasarme que Dios no quiera. Y todo lo que él quiere, por muy malo que nos parezca, es en realidad lo mejor». Esto es... **creer.**

Por tanto, se trata de una compañía que se manifiesta primeramente como gracia, don. No es un peso o lastre, sino ayuda que se hace inestimable cuando uno experimenta que no llega, que no puede, que no controla; cuando no acaba de aceptarse: «Ámame cuando menos lo merezca, ya que es cuando más lo necesito», decía un proverbio.

En el fondo, su compañía nos salva. El *tranquilos, no estáis solos, Dios está a vuestro lado* es, sobre todo, para llegar donde nosotros no llegamos y elevarnos a donde nosotros no alcanzamos. Porque solos no podemos con nuestros límites, defectos, vicios, instintos más bajos, malas acciones (egoísmos, injusticias, falsedades, etc.); porque solos no podemos vencer el pecado (todo lo que nos repliega sobre nosotros mismos y nos encierra en ese individualismo), ni con la muerte[49]. Uno no puede con uno mismo, ni puede (pero debe) ir más allá de sí mismo[50]. Uno no puede con todo aquello que le degrada y

---

48 Papa FRANCISCO, Ex. Apost. *Evangelii gaudium*, n. 229.

49 De entre todas nuestras limitaciones, quizá la más patente sea la muerte. Reside en lo más profundo de nosotros un anhelo de eternidad. No aspiramos a la prolongación infinita de esta vida, sino a la vida eterna; no a la prolongación de este sucedáneo de felicidad, sino a la felicidad plena, a la plena comunión.

50 Ya que, como apunta R. Spaemann, ser hombre es dar pasos más allá de nosotros mismos.

le hace menos persona, con esa fealdad que todos, en mayor o menor medida, arrastramos y sutilmente nos esclaviza.

Él nos salva. «No temáis, pues vengo a anunciaros una gran alegría, que lo será para todo el pueblo: hoy os ha nacido, en la ciudad de David, el Salvador, que es el Cristo, el Señor» (Lc 2, 10-11). Porque Él puede hacer entrar la luz en nuestro *lado oscuro*. «Aunque camine por cañadas oscuras nada temo, porque Tú vas conmigo» (Salmo 22). Él es capaz de curar lo más bajo de nosotros mismos, la parte de nuestro yo que más nos avergüenza. Él cose nuestros trozos rotos. Pero (y he aquí el gran reto) debemos aceptar nuestros límites. Debemos presentarle esos trozos. Dárselos. Reconocer nuestra necesidad de salvación. Aceptar nuestra debilidad (realidad) para que pueda fortalecerla: «Todo lo puedo en Aquel que me conforta» (Flp 4, 13)[51].

Esa compañía solo puede ser rechazada por la autosuficiencia, por el creerse lo que uno no es, por la soberbia que impide que veamos la realidad.

Recuerdo que, al acabar una charla de formación a jóvenes, un amigo me presentó a un conocido suyo. Era la primera vez que lo veía. De entrada, me confesó que no tenía ningún interés en hablar conmigo, sacerdote, sencillamente porque no necesitaba nada que pudiera ofrecerle. Me explicó que tenía novia, estaba opositando, le iba bien, tenía coche y sus padres le iban dando el dinero que necesitaba.

Entonces se me ocurrió preguntarle: «Tendrás móvil, ¿no?». Se asombró. Pensaba que le iba a pedir su número, pero antes de que respondiese añadí: «Apunta mi número y cuando rompas con tu novia, suspendas la oposición o tengas un accidente, entonces márcalo y, si quieres, hablamos». Se quedó perplejo y nos despedimos.

---

51 Recalcamos la idea de que tras lo expuesto hasta ahora en este punto es evidente que late la fragilidad, la necesidad de amistad (compañía), la alegría (de que existe Alguien que nos cura y eleva y no nos deja) y la autenticidad que, en este caso, se manifiesta en tener la suficiente humildad como para reconocer que uno necesita ayuda, necesita ser salvado.

Cuando uno acepta la realidad, la verdad sobre sí mismo, y reconoce que solo no puede, entonces la presencia divina se *mueve* en él porque la verdad se hace viva en él. Iniciar así nuestro camino hacia lo divino es más sencillo (cuando esta necesidad [de salvación] es aceptada): porque la realidad es que todos necesitamos ser salvados, aunque no todos lo sepan y, de los que lo saben, no todos lo aceptan o les importa. Una salvación que está *a tu lado*, al alcance de cualquier mano: ¡estira el brazo!

2. ERES AMADO

Ya hemos dicho que esa cercanía no es molesta, no estorba. La cercanía divina suma, es más, es amorosa. Dios nos es cercano porque es Amor, porque nos quiere.

Una vez más, pongamos de ejemplo a san Juan Pablo II. En el libro *Cruzando el umbral de la esperanza* nos dice: «¡Date cuenta, quienquiera que seas, de que eres amado! ¡Advierte que el Evangelio es una invitación a la alegría! ¡No te olvides de que tienes un Padre, y que cualquier vida, incluso la que para los hombres es más insignificante, tiene un valor eterno e infinito a Sus ojos!». Palabras que condensan perfectamente la segunda de las ideas sobre la que queríamos hacer hincapié: **el amor de un Dios que te conoce y te ama como eres**.

Me confesaban algunos jóvenes: «No basta con que Dios sea Amor, me tiene que conocer y abrazar como soy». Pues lo hace. Y es verdad que lo del amor de Dios puede sonar a una especie de amor genérico por la humanidad, como quien ama los animales, las plantas o las puestas de sol. Pero ese amor es del todo singular: uno a uno, con un amor completamente particular para cada ser humano.

Jesús preguntó a las gentes: «¿Quién de vosotros, si tiene cien ovejas y pierde una, no deja las noventa y nueve en el campo y va en busca de la que se perdió hasta encontrarla?» (Lc 15, 4).

Ya que Él mismo se nos manifestó así: «Yo soy el buen pastor. El buen pastor da su vida por sus ovejas» (Jn 10, 11). E insiste: «Yo soy el buen pastor, conozco las mías y las mías me conocen. Como el Padre me conoce a mí, así yo conozco al Padre, y doy mi vida por las ovejas» (Jn 10, 14-15). Es decir, te conoce y te quiere. Te prefiere a ti, no ya entre otras noventa y nueve ovejas, sino entre millones de otras posibilidades.

La idea de que Dios no sabe contar más que hasta uno, ayuda mucho a percibir cómo nos quiere. No le interesamos a mogollón, en grupo, sino personalmente. El mismo S. Kierkegaard se conmovió al descubrir esta singularidad cuando dejó escrito en su *Diario* allá por el año 1847 o 1848: «Yo me empeño, por cada hombre que pueda arrastrar hacia la categoría de lo singular, a hacerlo cristiano o, mejor dicho, como uno no puede hacer esto por otro, a garantizarle al menos que acabará siéndolo».

Una singularidad que me gusta imaginármela como un conocimiento por parte de Dios de lo que realmente me mueve, me conmueve. Por poner un ejemplo, si para mí son realmente muy especiales las natillas de mi abuela, esas natillas caseras con canela que no solo me nutren sino que traen a mi memoria el cariño de mis abuelos, el olor de su cocina, aquellos momentos en los que yo era más yo que nunca porque, realmente, era un niño inocente y feliz… pues Jesús saldrá a mi encuentro tras la muerte con una frase del estilo: «Vente a la cocina, la abuela ha preparado natillas». Con esto, yo comprendo que Él me conoce; es más, que nadie como Él me conoce mejor (con un conocimiento que es amor). Me conoce y me llama por mi nombre. «Este es mi Hijo, el amado, en quien me he complacido» (Mt 3, 17). ¡Dios se complace en mí y yo en Él! Me ama y puedo amarle.

Y esta singularidad no acabamos de transmitirla a los jóvenes (tan sensibles a este aspecto) si con nuestro trato damos la apariencia de que nos interesan pero en grupo o en la medida en que aceptan la formación que impartimos. Conocerles.

Aceptarles. Tratar de elevarles. No podemos condicionar el amor. Acompañarles aunque pensemos que su avance es lento y su respuesta, por momentos, poco generosa. Nos interesa cada uno, con sus heridas, sus problemas, sus inquietudes e ilusiones... y mientras acepten nuestra ayuda y compañía, ahí deberíamos estar. Nos interesan independientemente del resultado. Nos interesan porque a Jesús le interesan. A Jesús le interesaba aquel joven rico, una de las más largas conversaciones que recogen los Evangelios la dedica a él, aunque no llegó a incorporarse al número de los apóstoles. Y lo mismo ocurrió con aquel paralítico al que curó y advirtió que no pecara más, pese a que fue a los judíos a decirles que había sido Jesús el que le había curado.

Y como ese Amor es del todo verdadero, no está condicionado: te quiere como eres. Es ciertamente desde la mirada divina desde donde podemos afirmar en realidad que todos somos únicos y especiales. Ciertamente le gustaría que nos portásemos mejor, pero su amor no queda condicionado a nuestro buen comportamiento, ni a nuestros logros, ni a nuestras pocas o muchas virtudes. C. S. Lewis comparaba dos modos de razonar, el cristiano y el no cristiano. El no cristiano piensa así: «Soy bueno, luego Dios me ama». El cristiano, en cambio, piensa: «Dios me hará bueno porque me ama (a pesar... de todo)»[52].

J. M. Cejas, en el libro *El baile tras la tormenta*, comenta la reacción asombrada de una persona sin fe a otra, que era católica: le decía que no entendía cómo, con ese genio, con ese mal carácter, podía ser católica. Ella vino a decirle: «Pues imagínate

---

52 Este mismo autor subraya en su obra *Los cuatro amores* que es precisamente este tipo de amor, el de Dios, el que más nos cuesta aceptar porque «queremos ser amados por nuestra inteligencia, por nuestra belleza, por nuestra liberalidad, simpatía o excelencia de dotes», y nos resistimos a ser amados por... nada. Queremos un amor inteligible a la medida de nuestro entendimiento o, al menos, un amor justo a la medida de nuestra (¡tantas veces!) *rácana* justicia humana.

si no lo fuera. Imagínate en quién me convertiría si me faltase la ayuda divina».

Y «quien se siente amado por Dios sabe que no tiene que lograrlo todo por sus propias fuerzas. Por tanto, está lejos de caer en el activismo y comienza a mirar el mundo con más hondura y serenidad» (J. Burggraf). No hemos sido arrojados al mundo, sino queridos en él, en este momento concreto de la historia (y con una misión).

Gran parte de la literatura cristiana del s. XX vio esto claro. En obras como *Retorno a Brideshead, El poder y la gloria, Cuerpos y almas, Diario de un cura rural, Muerte ¿dónde está tu victoria?*, o en los escritos de Flannery O'Connor o Dostoievski podemos palpar cómo la gracia actúa más eficazmente en los necesitados y débiles. Estos relatos tramiten el privilegio de creer junto a la necesidad de la ayuda divina: sus protagonistas no son precisamente un manojo de virtudes y, para salir adelante, se apoyan sobre todo en la fe. Sufren pruebas y padecen vicios de todo tipo pero, en sus vidas, por encima de todo, resplandece la mano de Dios; son ayudados y levantados, una y otra vez, por una fuerza que les excede. Son historias que invitan a creer, a abrirse a la gracia. Y lo mismo podríamos decir de cada uno de nosotros: todos somos (un poco o mucho) ovejas perdidas; todos estábamos bastante perdidos hasta que Cristo salió a nuestro encuentro, vino a buscarnos. Fragilidad y más fragilidad.

Cuando el hijo pródigo vuelve a la casa del Padre, el Padre no le lee la cartilla. Cuando Pedro, tras haberle negado tres veces vuelve a Jesús, no le recrimina el negarle (algo que Él mismo había profetizado), simplemente le pregunta si le ama, también tres veces. Cuando los acusadores de aquella mujer sorprendida en adulterio abandonan su intención, al caer en la cuenta de lo incongruentes que son pretendiendo lapidarla, Jesús la despide sin discursos ni condenaciones, animándola a no pecar más, sin sermones. Amistad y más amistad.

Somos hermanos de Jesucristo, somos hijos del Padre. De ahí que **la razón última de ese amor es porque eres su hijo**. Nuestra relación con Dios es filial, independientemente de nuestra edad, de nuestro color de piel, obras, méritos, belleza, cualidades, simpatía, carácter, etc. Esta es nuestra gran dignidad, este es el plan divino, aunque nosotros nos empeñemos en vivir al margen de él. Somos sus hijos, y ni nos abandonará ni dejará de querernos nunca. Por tanto, nuestro título más valioso para presentarnos ante Él no son nuestros méritos, nuestras buenas obras o nuestras cualidades, sino que Él es nuestro Padre. Quien se siente amado por Dios descansa en su ser más profundo, en la filiación: somos hijos de Dios[53]. Aquí es donde radica nuestra más *auténtica autenticidad*.

Hijos llamados a ser santos, pero frágiles; hijos llamados a lo más alto y sublime, pero capaces de lo más bajo y ruin. R. Barron lo ve así cuando explica: «La iglesia acompaña esa extraordinaria exigencia moral con un sistema penitencial extraordinariamente benévolo, por el que transmite la infinita misericordia de Dios a los que no son capaces de vivir según ese ideal (que somos prácticamente todos). Por eso otorga el perdón con tanta generosidad y de forma tan absoluta»[54]. Es decir, no rebaja el listón pero a nadie le niega el perdón[55].

Y al abrir las páginas del Evangelio encontramos la confirmación de ese corazón misericordioso de Jesús: ahí los protagonistas no son *yuppies*, *youtubers*, tiburones, *influencers*, millonarios y poderosos, no son gente famosa e influyente, sino lisiados, cojos, ciegos, muertos y leprosos, es decir, de los

---

53   Idea esencial aunque a veces resulte difícil de transmitir y de creer, por la crisis de la figura paterna que, decíamos, padecen muchas familias. Y, sin querer, vestimos a Dios Padre con los harapos de nuestro padre terrenal.

54   R. BARRON, *Encender fuego en la tierra*, Palabra 2017, p. 89.

55   El listón sigue estando muy alto en el intentar *ser otro Cristo*, pero los medios (la gracia) para alcanzarlo es siempre infinita, es decir, Dios no se cansa de perdonarnos las mismas equivocaciones una y otra vez.

más necesitados. Un Cristo que va a buscarles, que lava sus pies, que se nos da como alimento. Decía J. I. Munilla: «Uno de los motivos principales por el que nos está costando tanto que el Evangelio resuene en el corazón de los jóvenes, es porque nosotros mismos tenemos todavía un déficit importante para llegar al Corazón de Cristo, y conocer en Él su designio de misericordia hacia todos nosotros»[56]. Este enfoque dota al mensaje cristiano de un gran atractivo, le confiere una gran belleza. Y deja en el corazón una gran alegría.

Porque si bien es verdad que Jesús desea que nos asemejemos a Él, también lo es el hecho de que en esta tierra no haya santos, sino hijos de Dios que luchan con la ayuda divina por serlo. Lucha que es, precisamente, lo que distingue a un santo de un hombre fracasado.

Por tanto, Dios nos profesa **un amor incondicional que siempre nos precede.** Y lo que más desea es que le confiemos esa tarea, la de la santidad, que nos abandonemos en sus brazos. Hay que luchar pero, mucho más, hay que abandonarse. Santa Teresita de Liseux consideró como el don más grande que había recibido el momento en el que Dios pudo mostrarle su ineptitud. Dios le hizo ver lo contento que estaba cuando podía manejarse a su antojo en su alma[57]. Porque «quien empezó en ti (en nosotros) la obra buena, la llevará a término».

Por tanto, si podemos hacer algún bien, si podemos amar, es porque Él nos ha amado primero, porque ha puesto dentro de nosotros ese amor para repartir. Él es Amor, la fuente de todo querer y cariño. Esto les ayudará a verle en todo amor humano noble y verdadero.

---

56 J. I. MUNILLA, *La evangelización de los jóvenes ante la «emergencia afectiva»*, Congreso de Pastoral Juvenil 2012.

57 Decía la santa: «Reconocer la propia nada y esperarlo todo de Dios, como un niñito lo espera todo de su padre, es no preocuparse por nada. [Eso es] ser siempre una niñita delante de Dios. [Y también lo es] no desanimarse por las propias faltas, pues los niños caen a menudo, pero son demasiado pequeños para hacerse mucho daño».

Hace años descubrí una versión de la parábola del hijo pródigo que me impresionó. Un vídeo de unos pocos minutos titulado *Vuelve a casa el hijo pródigo*[58]. La parábola *modernizada* transmitía vida, la fuerza del perdón y la grandiosidad del amor de Dios que sabe buscar y esperar, que desea con todas sus fuerzas el regreso de su pequeño. En la letra de la canción que acompañaba al relato se decía: «Mi lucha por ti es lo único que he conocido». Y un buen ejemplo de esa lucha lo podemos apreciar en el papel de Julia Roberts en la película *El regreso de Ben* (2018). Porque, ¿qué le importa realmente a Dios? Tú. Solo tú. Dios *se muere por ti*, por que le hagas caso, como una adolescente se muere por que aquel chico de clase que le gusta vuelva su rostro y la mire, como una buena madre da la vida por su hijo.

Dios, de muchas maneras y en infinidad de ocasiones (está siempre a nuestro lado, ¿recuerdas?), nos sugiere: «¿Me concedes este baile?», es decir, «¿quieres que hoy compartamos vidas?». Dios mendiga nuestro amor: no solo se nos da (en la Eucaristía), sino que nos limpia nuestros sucios pies antes de hacerlo. Lo esencial es abrirnos a ese amor, dejarle hacer. Él, en cada comunión, mucho más que nosotros, está deseando unirse a nosotros, transmitirnos su vida. ¡Cómo cambian las cosas cuando las contemplamos desde el Otro, desde su amor! Nosotros *no vamos a*, sino que Él es realmente quien *nos espera en* (los sacramentos, la oración, el trabajo, el descanso, la ducha, la cena, etc.).

Esta idea la llegué a comprender con luz nueva cuando un amigo sacerdote me comentó lo siguiente:

Acompañó a su hermana enferma durante sus últimas semanas. La mañana en la que falleció, a los pocos minutos, se dispuso a celebrar la primera misa por ella. Y, al llegar el momento de la consagración, al elevar el cuerpo de Cristo, le

---

58 https://www.youtube.com/watch?v=MTsNEbAv8Kc&ab_
     channel=VladimirPerez

dijo: «Señor, hay que ver cómo eres, te la has llevado. Y Tú, solo Tú, sabes lo mucho que la quería». Mi amigo me comentó que Jesús respondió a esas palabras, dichas con cierto tono de queja, cuando tras la elevación de su Cuerpo mi amigo se arrodillaba para adorarlo. Jesús le dijo: «Ni te imaginas las ganas que tenía ya de estar con ella». Este suceso me ha ayudado siempre a pensar primero cómo ve Dios los acontecimientos, especialmente los que más me cuestan o los más dolorosos.

Y como Él siempre nos precede, como Él es quien nos busca, el *dejar hacer* (a Dios en nosotros) debe predominar sobre aquello que nosotros podamos hacer por Él en nuestras vidas. Esta no es solo la conclusión de esa exigencia moral (llamados a ser dioses, el mismo Cristo) al encontrarse con nuestra naturaleza (situación) caída, de debilidad, sino que este fue el legado que la Virgen nos dejó. Ante su vocación no respondió con un *lo haré*, sino con toda la sabiduría que encierra un *hágase en mí*; es decir, «no me veo a la altura de esa misión, de ese amor, no sé por qué se ha fijado en mí, pero Le quiero, lo quiero». «Señor, no sé por qué te has fijado en mí, no sé qué encuentras, qué ves en mí para hacerme caso, para regalarme tu amor, tu vida». Lo expresaba así Lope de Vega: «¿Qué tengo yo, que mi amistad procuras? / ¿Qué interés se te sigue, Jesús mío, / que a mi puerta, cubierto de rocío, / pasas las noches del invierno oscuras?». Ser amado precede siempre a nuestro amar. No se es cristiano por méritos sino por un don: la fe.

Para las alumnas de segundo de bachillerato, aquel era su último día de clase. Me pidieron que subiera al aula para despedirlas. Un pequeño discurso de la delegada de agradecimiento y, cuando ese breve encuentro llegaba a su fin, una tomó la palabra y dijo: «¿Le puedo decir una cosa?». «Claro», le respondí. Y rápidamente añadió: «Pues a mí la misa me parece un rollo».

Sus compañeras cambiaron de cara, lanzándole miradas que decían: «¿A qué viene eso ahora? Estás fuera». Pero me acordé enseguida de esas palabras de Juan Pablo II: «¡Date cuenta, quienquiera que seas, de que eres amado!». Y le pregunté: «¿Me dejas que diga en público cuál es tu verdadero problema, porque tu problema no es la misa?». Asombrada (ella y el resto de la clase), asintió con la cabeza. Y le expliqué: «Tu problema es que no tienes novio (aquí hubo primero desconcierto y, luego, alguna que otra risa), porque si tuvieras un novio guapo, listo, bueno, etc. que cada domingo a las doce sonase el timbre de tu portal invitándote a ir a misa con él, ¿irías o no irías?». Silencio. Y al cabo de pocos segundos respondió: «Pues sí, iría". Entonces concluí: «¿Ves? Tu problema no es la misa, es que no tienes un novio así».

El «¡date cuenta, quienquiera que seas, de que eres amado!» nos abre los ojos a esta verdad: toda norma nace del amor, manifiesta el amor y se encamina hacia él. No solamente cualquier imposición, sino que todo deja de ser un *rollo* cuando uno está con la persona que quiere. No transmitamos los preceptos antes que su razón de ser.

Y si la compañía divina del punto precedente podía ser negada por la suficiencia, el amor divino solo puede rechazarse por la soberbia o el egoísmo de querer permanecer en el centro de la pista (de la propia existencia). Amar o dejarse amar es siempre abrirse, dejar que otro lleve las riendas de la propia vida. Estamos llamados a no bailar nunca solos.

3. Va de amistad

Otra canción famosa de hace unas cuantas décadas decía: «Tú eres mi hermano del alma realmente el amigo, que en todo camino y jornada está siempre conmigo» (R. Carlos). Y es que la razón última de los mandamientos, de los preceptos, de toda norma religiosa, nos lleva a que nuestro corresponder a Dios sea también amoroso; más concretamente, se trata de un amor de amistad con Jesucristo (*filial*, como Él respecto a Dios Padre). Por eso la tercera idea sería: **el trato con Jesucristo va de amistad.**

Es más, «ser persona quiere decir ser capaz de amistad con Dios, de amor recíproco de benevolencia, con manifestación de ese amor y consiguiente comunión de vida y comunicación de bienes. Pues eso es exactamente una persona, imagen y semejanza de las Personas divinas en la unicidad de un solo Dios trinitario. Esta es nuestra verdadera y radical dignidad, en la que convenimos con las personas angélicas (lo que ya entendían Platón y Aristóteles, por ejemplo, y no parecía a sus contemporáneos una exageración *espiritualista*).

»[...] Lo realmente importante en cada uno de nosotros es ser *persona*: alguien delante de Dios y para siempre»[59].

Y, en nuestro caso concreto, *ser hijos*. Ya hemos dicho que el vínculo merecedor de todo trato por parte de Dios es la filia-

---

59 C. CARDONA, *Ética del quehacer educativo*, Rialp 1989, p. 138.

ción. Este es nuestro más alto título, nuestra mejor presentación: somos sus hijos. No deja de resultar increíble que todo un Dios quiera, sin ninguna necesidad por su parte, compartir con nosotros su felicidad. No deja de resultar sorprendente poseer una dignidad, una existencia que solo pueda ser saciada divinamente, con Dios. Ahora bien, será tratando al Hijo como aprenderemos a tratar al Padre. Es decir, la amistad con Jesús nos convertirá sobre todo en buenos hijos.

Por eso no conviene unir demasiado, en la formación cristiana, la fe con la moral[60]. Dios es el Bien, ciertamente, pero también la Belleza y la Verdad y la Vida, el que *Es*. Si lo hacemos corremos el riesgo, entre los jóvenes, de que cuando abandonan el centro educativo donde han recibido una formación religiosa rodeada de todo tipo de facilidades para recibir los sacramentos, al verse *sin esas protecciones*, al encontrarse ante un ambiente más adverso a la fe y seguir palpando sus miserias, lleguen a la falsa conclusión de que Dios no existe y dejen de practicar. Dios no deja de desaparecer porque nosotros hagamos o no determinadas cosas. Lo primero es la gracia (un regalo), y el esfuerzo por corresponder a ella (la moral), que también es gracia, viene después. **Dios es más que nuestras subidas y bajadas, más que nuestras victorias y derrotas.** En palabras de san Juan Pablo II: «Los hombres no somos la suma de nuestras debilidades y nuestros fracasos. Al contrario, somos la suma del amor del Padre a nosotros y de nuestra capacidad

---

60 Impartiendo esta visión se olvida de que la parte moral en el *Catecismo de la Iglesia católica* es la tercera: es decir, que si uno trata de actuar así es por lo que cree (primera parte) y por lo que celebra (segunda). Pienso que la idea de unir tan estrechamente la idea de Dios con la moral se debe mucho a Kant, para quien lo importante no era saber si Jesucristo era o no Dios, sino descubrirlo como modelo de la vida moral, reduciendo así el cristianismo a una ética y vaciando de intelectualidad la cuestión de Dios. Para Kant, como pone de manifiesto en su *Crítica de la razón práctica*, la conciencia moral significa la presencia del absoluto en el hombre. Es conocida su frase dentro de esa misma obra: «Dos cosas colman el ánimo con una admiración y una veneración siempre renovadas y crecientes...: el cielo estrellado sobre mí y la ley moral dentro de mí».

real de llegar a ser imagen de su Hijo»[61]. Es decir, ¡somos más que nuestros actos! Y, aun llenos de acciones malas, Él no deja de buscarnos, de ayudarnos, de querernos. Él no desaparece con nuestros pecados. Es más, lo que hace el pecado es reclamarlo con más fuerza, con más intensidad, con más humildad.

De ahí la importancia de hacerles ver que **no se trata de cumplir con Dios (mandamientos). Dios no existe para que nosotros cumplamos con Él**. Esta es una visión ridícula, formalista y reduccionista de la divinidad. Tratar a Dios no es hacer determinadas cosas: «Soy cristiano y, por tanto, lo que me diferencia de ti, que no lo eres, es que yo vivo la Cuaresma, asisto a misa los domingos, me confieso, etc.». No es exactamente así.

Lo primero con Dios es, como vimos, abrirnos a su gracia en el reconocimiento de nuestras limitaciones (de la verdad sobre nosotros mismos) y, así, tratar de seguirle. «Ven y sígueme», decía a los suyos. Caminar, vivir con Él, recorrer los senderos de este mundo, a veces tortuosos, en su presencia. «Aunque camine por cañadas oscuras, nada temo, porque tú vas conmigo: tu vara y tu cayado me sosiegan» (Sal 23, 4). Dios quiere compartir con nosotros el camino de la vida (de amor) hacia la patria definitiva, nuestro verdadero hogar. No se trata de dar cuentas ni de cumplir, sino de compartir vidas.

Obviamente, este seguimiento, como todo verdadero amor, lleva consigo obras, pero en **un hacer que nace de un acompañamiento, de estar con alguien que te ama con locura**: a una persona se la puede seguir a distancia, de vez en cuando, o estando muy pendiente de ella (como los jóvenes siguen en las redes a quienes les interesan).

Así describía su marido los últimos días de la vida de su mujer, golpeada por una mortal enfermedad. Consciente del poco tiempo que les quedaba juntos, confesaba: «En aquellas sobremesas […] nada importaban los *silencios*, el tedio de las

---

61 San JUAN PABLO II, *Homilía en la XVII Jornada Mundial de la Juventud* 2002.

primeras horas de la tarde. Estábamos juntos y era suficiente. Cuando ella se fue, todavía lo vi más claro: aquellas sobremesas sin palabras, aquellas miradas sin proyecto, sin esperar grandes cosas de la vida, eran sencillamente la felicidad»[62].

Al poner en el centro la amistad, lo que hay que hacer se hace... pero de otra manera, por amor al Amigo. **No son ya cosas que tengo que hacer, sino planes con mi amigo.** Es más, cultivando la amistad con Jesús es cuando podremos llegar a hacer lo que ni siquiera habíamos imaginado. Porque lo que no podemos solos, lo podemos con y por el amigo[63]. Como aquel paralítico que, gracias a sus amigos, fue presentado a Jesús y recobró la salud del alma y del cuerpo.

«Ya no os llamo siervos, porque el siervo no sabe lo que hace su señor; a vosotros, en cambio, os he llamado amigos, porque todo lo que oí de mi Padre os lo he dado a conocer» (Jn 15, 15). Jesús amigo es todo un descubrimiento para ellos, tan necesitados de amistades.

Entonces, la misa es ir a *casa* del amigo, descubrir que puedo unirme a Él ¡comiéndole!, unirnos a más no poder: es cuando mi *pequeño yo* queda inundado y transformado por su grandeza. Es cuando Él me invita a su pista (y la suya sí que es central). La confesión es pedirle perdón y volver a *chocar esas cinco*, volver a mirarnos a los ojos como antes. Y la oración es ese deseo de estar a solas con mi amigo (imagínate esa terraza al sol con las cervezas) y conversar con quien nos conoce de veras y nos ama, con quien mejor puede aconsejarnos y echarnos una mano (Él, que lo puede todo). Cambiar el monólogo interior que todos barajamos («tengo que comprar esto», «debo llamar a fulanito», «he quedado a las tres en...», «¿por qué me ha dicho esto?», «¡es que no se entera!», etc.) por el diálogo... divino («Señor, vamos a comprar esto», «Jesús, ayúdame en esa

---

62 M. DELIBES, *Señora de rojo sobre fondo gris*, Destino 1991, p. 112.

63 Santo Tomás decía: «Lo que podemos mediante los amigos, de algún modo lo podemos por nosotros mismos». *Suma Teológica*, I-II, q.5, a.5.

conversación con fulanito, tengo que llamarle esta tarde sin falta», «por qué me habrá dicho…?, ¿cómo lo ves tú Dios mío», etc.)[64]. Es decir, pedirle consejo, manifestarle nuestras dudas y temores, lo que nos *mola* y nuestras rabietas… Por eso escribió hace años San Josemaría: «Me has escrito: "orar es hablar con Dios. Pero ¿de qué?". ¿De qué? De Él, de ti: alegrías, tristezas, éxitos y fracasos, ambiciones nobles, preocupaciones diarias…, ¡flaquezas!: y hacimientos de gracias y peticiones: y Amor y desagravio.

»En dos palabras: conocerle y conocerte: "¡tratarse!"». Tratarse como tratamos a los buenos amigos y les confiamos lo que nos alegra y entristece, lo que nos cuesta y emociona.

Quizá sea el momento de volver sobre una idea madre (que también nos ha acompañado en todo este recorrido): que la esencia del cristianismo es una Persona, Cristo[65]. Uno no se enamora ni acompaña a una idea, sino a un Dios con rostro humano, un Dios que sabe lo que me pasa, lo que me preocupa, lo que sufro porque Él lo ha sufrido todo y más. Un Dios que sabe lo que es trabajar y sudar y cansarse. Un Dios que conoce la traición y la soledad. Las ideas no te abrazan. Dios no está tanto para responder a tus preguntas como para llenarte el corazón (aunque digamos que «no le sentimos»). Uno no se entrega a una idea, sino a una persona. Es importante ponerle rostro a Jesucristo, mirarle a los ojos: no amamos a un fantasma. «Mirad mis manos y mis pies: soy yo mismo. Palpadme y comprended que un espíritu no tiene carne y huesos como veis que yo tengo. Y dicho esto, les mostró las manos y los pies» (Lc 24, 39-40).

Y, como ya apuntamos, las personas no *se demuestran*, sino que *se presentan*. De ahí que resulte clave el presentar a Cristo

---

64 Por eso afirmaba san Agustín: «Hay una oración interior no interrumpida, que es el deseo. Mientras sigas deseando, seguirás orando». *Comentario a los salmos*, 37, 14.

65 Cfr., por ejemplo, R. GUARDINI, *La esencia del cristianismo*, Cristiandad 2006.

con nuestras vidas, de modo que los demás, por nuestro modo de comportarnos, vean que Él es nuestro amigo. «En verdad os digo que cuanto hicisteis a uno de estos, mis hermanos más pequeños, a mí me lo hicisteis» (Mt 25, 40). Una vez más, aflora aquí la autenticidad...

Recuerdo aquella fiesta en la que se me acerca un chico y me presenta así a un amigo suyo, un profesor de universidad al que él no veía desde hacía más de diez años: «Este es fulanito, amigo personal de Jesucristo». Nos dimos la mano y charlamos. Luego, me quedé pensativo... Esa persona, con sus clases, había dejado en su antiguo alumno la huella de lo divino... Dios encarnado en él... «a mí me lo hicisteis».

La amistad con Cristo nos llevará, con el paso del tiempo, a identificar nuestros gustos y voluntades. No tener miedo a contarle lo que nos gusta, a hacerle partícipe de nuestros planes, de nuestras ilusiones y proyectos por ridículos o pequeños que nos puedan parecer ante un Dios: si a nosotros nos alegran, a Él le alegrarán, ya que todo inicio de amistad suele ir precedido de un: «¿Cómo? ¡También tú?». Por eso, al ir meditando su vida, intentado que cada vez más se plasme en la nuestra, y al ir frecuentando la comunión hasta hacerla diaria, sus deseos serán cada vez más los nuestros; sus planes, nuestros planes; su voluntad, la nuestra.

Cristo nos da ejemplo, durante toda su vida terrenal, de identificación de su voluntad con la de su Padre. Hay un momento especial: la oración en el huerto, cuando confiesa: «Padre, si quieres, aparta de mí este cáliz; pero no se haga mi voluntad, sino la tuya» (Lc 22, 42). Manifestando que esa voluntad no era nada apetecible ni sencilla pero, como confiesa a los suyos, refiriéndose al Padre: «Nada hago por mí mismo, sino que como el Padre me enseñó, así hablo. Y el que me ha enviado está conmigo; no me ha dejado solo, porque yo hago siempre lo que le agrada» (Jn 8, 28-29). Llegar a hacer lo que a Él le agrada es a donde nos conduce la amistad, ya que ese amor es el que ama al otro por sí mismo. El amigo desea el bien de su amigo y encuentra en ese bien su propio gozo. Los amigos comparten sus penas y alegrías. La amistad con Jesucristo nos llevará a alegrarnos con lo que a Él le agrada y a entristecernos con lo que a Él le pone triste.

Una última idea dentro de este trato de amistad. La amistad se vive más fácilmente en una comunidad de intercambio mutuo. La necesidad del grupo...

Jesús, al iniciar su vida pública, pronto se vio rodeado de discípulos y escogió, de entre ellos, a los apóstoles, sus amigos íntimos. Jesús creó su propia comunidad de fe, su *grupo*. Consideraba importante que los que le rodeaban se apoyasen unos a otros.

Ya hemos visto cómo ayuda a un joven formar parte de un grupo. Ahí se siente aceptado, querido. Ahí juega un rol. Por eso, también **es esencial que practique la fe y se forme, en la medida de lo posible, en grupo**, es decir, con otros jóvenes como él[66]. Así percibe que no está solo. Viendo rezar a los demás o confesarse, él percibe la necesidad de hacerlo. En la mirada del amigo, uno puede reponer fuerzas y volverse a llenar de esperanza. «El hermano ayudado por su hermano es como una ciudad amurallada» (Prov 18, 19). Cuando se llega a formar un ambiente de verdadera amistad en ese grupo (de jóvenes que se quieren y se sienten amigos) Dios está ahí. «Pues donde hay dos o tres reunidos en mi nombre, allí estoy yo en medio de ellos» (Mt 18, 20).

Ahora bien, pese a la importancia del grupo, cuando nuestra conducta depende exclusivamente o en mayor medida del grupo, el apoyo y consenso que nos brindan (tan necesario) nos está esclavizando. El mero consenso humano esclaviza, mientras la búsqueda del consenso divino libera. Querer a los demás es verdaderamente quererles *en* y *por* Dios; si no,

---

66 Quizás esa importancia adquiera nueva luz al considerar que Dios ha querido salvarnos colectivamente, a través de un grupo, de un pueblo, de la Iglesia.

en el fondo, nos buscamos a nosotros mismos. Pues «cuando el hombre, que no puede renunciar a un amor infinito, busca obtenerlo entre los hombres, cae en la más grande de las esclavitudes, es decir, en el depender de la voluntad de los demás» (U. Borghello).

Esta sutil esclavitud se puede apreciar en la película *La ola* (Dennis Gansel, 2008), donde el director nos muestra que volver al régimen nazista no es algo tan utópico como sus alumnos piensan. El consenso, la opinión de los demás, la necesidad de la valoración del grupo, se convierte entonces en la tara que les impide alcanzar el verdadero amor y, por consiguiente, la verdadera libertad.

Por eso, **la fe vivida en grupo debe ser siempre instrumento que ayude a fortalecer la unión y el trato personal con Cristo, la amistad personal con** Él, no vaya a ser que, disuelto el grupo, se disuelva con él también la fe. Solo Él nos ha de juzgar y sólo Él es capaz de llenar nuestra sed de ser reconocidos y queridos. Por eso, **lo personal debe prevalecer sobre lo institucional.** La formación que se imparte en grupo debe reforzar el trato personal con Jesucristo, generar libertad y proporcionarles las herramientas necesarias para que cada uno dé testimonio cristiano, viva con paz y se sienta libre e hijo de Dios en el ambiente en el que viva.

En fin, la canción del amigo terminaba repitiendo una y otra vez: «*No* preciso ni decir todo esto que te digo, pero es bueno así sentir que eres tú mi gran amigo».

4. SER FELIZ CON UN VINO
Y UN TROZO DE PAN

«Soy feliz con un vino y un poco de pan, y también, cómo no, con caviar y champán» (J. Iglesias). Más allá de la ironía, la letra de esta otra canción refleja una gran verdad cristiana: ser feliz... con lo que haya. Un cristiano es alguien que continuamente da gracias, sabe vivir con lo que hay, ve todo lo que posee como un don, empezando por la propia existencia. Alguien feliz porque se sabe, por encima de todo, acompañado y ayudado por Dios. Una actitud opuesta a la de situarse en el centro de la pista y ver la realidad y al resto de la humanidad como un derecho. Y juzgar y comentar todas las jugadas sin necesidad. La actitud cristiana ante la vida es agradecida, optimista y alegre. La felicidad que esta vida nos puede dar se encuentra en el cristianismo; al margen, solo queda resignación. Y a los jóvenes, tan ávidos de fiesta, después de sentirse acompañados y amados, les recordaría esto: la fe te regala una especial capacidad de disfrute, un optimismo existencial pese a las dificultades.

Es decir, el cristiano acepta la realidad, sea la que sea, porque ve, de alguna manera en ella, un mensaje divino: Dios le llama a ser santo con lo que haya. Y hay de todo: momentos buenos y malos, abundancia y escasez, enfermedad y salud, etc.

Pero tal aceptación no es la de quien se resigna pero le gustaría que las cosas no fuesen así, sino más bien la quien es capaz de sacar del limón, cuando es muy agrio, limonada. De esta manera, viéndose en las manos de Dios, llamado a santificar la realidad más inmediata, **la fe nos proporciona una capacidad mayor de disfrute de la realidad (incluso de las cosas más pequeñas)**.

Ser cristiano no es esperar a que cambien las circunstancias para entregarse, para darse; es más, es Él quien, con la ayuda divina, las hace cambiar. Decía san Josemaría: «Dejaos, pues, de sueños, de falsos idealismos, de fantasías, de eso que suelo llamar *mística ojalatera* —¡ojalá no me hubiera casado, ojalá no tuviera esta profesión, ojalá tuviera más salud, ojalá fuera joven, ojalá fuera viejo!...—, y ateneos, en cambio, sobriamente, a la realidad más material e inmediata, que es donde está el Señor: "mirad mis manos y mis pies", dijo Jesús resucitado: "Soy yo mismo. Palpadme y ved que un espíritu no tiene carne y huesos, como veis que yo tengo" (Lc 24, 39)»[67].

No es muy compatible con el cristianismo, por tanto, el talante de un *hater* (odiador), del quejica, del aguafiestas o del pesimista. El no aceptarse, el vivir descontento, el pensar en negativo... reflejan desconocer la propia dignidad. Ya que la felicidad, insistimos, no depende de que las cosas salgan bien ni de la cantidad de bienes materiales que uno llegue a poseer, ni de los éxitos que haya podido cosechar, ni siquiera de las habilidades que haya podido cultivar, sino (como hemos visto) de compartir la vida con Dios.

Decía J. Billings que «la vida no consiste en tener buenas cartas, sino en jugar bien las que uno tiene». Las cartas que Dios le ha repartido y que Él mismo nos ayuda a jugar. Por tanto, ¡tengo a Dios! Le importo. No soy un extraño para él, ni uno más de la humanidad. Le tengo y es verdad que «quien

67 San JOSEMARÍA, *Conversaciones*, Rialp 1968, n. 116.

a Dios tiene nada le falta» (santa Teresa). De ahí el dicho entre enamorados: «Contigo, pan y cebolla»[68].

A Dios, el gran enamorado de nosotros, no hay que ir a buscarle muy lejos. Decía san Josemaría: «Es preciso convencerse de que Dios está junto a nosotros de continuo. Vivimos como si el Señor estuviera allá lejos, donde brillan las estrellas, y no consideramos que también está siempre a nuestro lado»[69]. **Nuestro Dios es un Dios de lo ordinario, de lo de cada día**, como el vino y el trozo de pan. Como decía un anuncio de unos grandes almacenes: «Cuando las ganas de disfrutar son muchas y el tiempo es poco, cualquier pequeño detalle es fundamental».

Jesús da importancia a los detalles que no se le pasan desapercibidos cuando son fruto del amor: los centavos de una pobre viuda, el vaso lleno de perfume que una mujer derramó sobre sus pies, unos pocos panes y peces, etc. Una actitud que explicaba así J. Ratzinger: «La teología de lo pequeño es fundamental en el cristianismo. Nuestra fe nos lleva a descubrir que la extraordinaria grandeza de Dios se manifiesta en la debilidad, y nos lleva a afirmar que la fuerza de la historia se encuentra siempre en el hombre que ama, es decir, en una fuerza que no se puede medir como se miden las categorías del poder. Dios quiso darse así a conocer, en la impotencia de Nazaret y del Gólgota»[70]. Para concluir que: «La verdadera grandeza de Dios consiste en que para Él lo pequeño no es demasiado pequeño, ni lo grande demasiado grande»[71]. Ese amor que lo empapa todo en el cristianismo no desprecia las cosas por su tamaño, precio o utilidad.

---

68 Es curioso cómo lo de ser felices, reflexionar y escribir sobre la felicidad es algo propio de países que gozan de un cierto bienestar. La felicidad es un lujo que hoy se plantean los que tienen las necesidades materiales cubiertas, porque quien se levanta sin saber si va a comer, no tiene tiempo para pensar en ella.

69 San JOSEMARÍA, *Camino*, n. 267.

70 J. RATZINGER, *La sal de la tierra*, Palabra 2006, p. 22.

71 J. RATZINGER, *Introducción al cristianismo*, Sígueme 2016, p. 262.

Y esto es lo que vale la pena redescubrir, porque todavía hay como una separación (no solo teórica sino, sobre todo, práctica) entre lo que yo hago, entre mis intereses, entre lo que cada día ocupa mi cabeza, mis deseos y ese Dios y sus cosas, esa religión y su práctica. Al Dios cristiano no le es ajeno nada de lo nuestro, ni lo más pequeño. Ciertamente ha querido quedarse en la Eucaristía, pero no ha querido perderse ningún acontecimiento de nuestra existencia. Todo le importa porque nos ama.

Creer no tiene que ver, en primer lugar, con lo milagroso, con lo que hay más allá de la muerte, con lo extraordinario, aunque muchos jóvenes no distingan lo religioso de lo paranormal, de la magia, de lo no explicable, etc. y se sientan curiosamente atraídos por *el más allá*. Porque lo verdaderamente extraordinario y milagroso es compartir la existencia con un Dios que se pone todos los días a tiro (en el vino y el trozo de pan). Como apunta J. L. Martín Descalzo, «la vida de Cristo —hora es ya de que vayamos comprendiéndolo— es el Reino de lo humanamente absurdo. ¿Qué redentor es este que *malgasta* treinta de sus treinta y tres años cortando maderitas en un pueblo escondido del más olvidado rincón del mundo? [...] Porque lo verdaderamente desconcertante es un Dios asumiendo la vulgaridad humana, la rutina, el cansancio, el ganarse mediocremente el pan». Por tanto, sus treinta años de trabajo en este mundo son el mayor de los milagros y... de las lecciones.

No hay que hacer cosas raras ni extrañas para ser cristiano, para ser santo. Decía san Josemaría: «Dios os llama a servirle *en* y *desde* las tareas civiles, materiales, seculares de la vida humana: en un laboratorio, en el quirófano de un hospital, en el cuartel, en la cátedra universitaria, en la fábrica, en el taller, en el campo, en el hogar de una familia y en todo el inmenso panorama del trabajo, Dios nos espera cada día. Sabedlo bien: **hay algo santo, divino, escondido en las situaciones más comunes, que toca a cada uno de vosotros descubrir.**

»Yo solía decir a aquellos universitarios y a aquellos obreros que venían junto a mí por los años treinta, que **tenían que saber materializar la vida espiritual**. Quería apartarlos así de la tentación, tan frecuente entonces y ahora, de llevar como una doble vida: la vida interior, la vida de relación con Dios, de una parte; y de otra, distinta y separada, la vida familiar, profesional y social, plena de pequeñas realidades terrenales.

¡Que no, hijos míos! Que no puede haber una doble vida, que no podemos ser como esquizofrénicos si queremos ser cristianos: que hay una única vida, hecha de carne y espíritu, y esa es la que tiene que ser —en el alma y en el cuerpo—, santa y llena de Dios: a ese Dios invisible lo encontramos en las cosas más visibles y materiales.

»No hay otro camino, hijos míos: o sabemos encontrar en nuestra vida ordinaria al Señor, o no lo encontraremos nunca»[72]. Ya que tenemos la posibilidad, ya en esta tierra, de vivir vida divina. Ya que el cielo es una forma de vida, de ser: la forma de ser y vivir del amor.

Efectivamente, Jesucristo nos espera en el sagrario, pero también en la oración hecha en *nuestro aposento*, en nuestra habitación, o por la calle o en el coche, con ruido o silencio, intentando hacer otras cosas o pudiendo gozar a solas de su presencia. Dios nos espera en unos huevos fritos con salchichas y beicon, en una hamburguesa, al igual que en el cambio de semáforo en rojo a verde, o en la música, o en ese vino con un buen trozo de pan. Dios nos espera en todo lo bueno y bello de este mundo. Muy gráficamente lo explica Fabrice Hadjadj en *¿Cómo hablar de Dios hoy?* cuando manifiesta que no podemos alabarle y, al mismo tiempo, despreciar su obra. Sería como si dijéramos a Dante, a Cervantes o a Tolstoi: «Oye, tío, eres un genio, pero no he leído nada tuyo». Es decir, estaríamos convirtiendo en mito a esos escritores y Dios no es un mito (en plan *dioses griegos*).

---

72 San JOSEMARÍA, *Conversaciones*, n. 114.

Los jóvenes buscan belleza (a veces meramente efímera, corporal), y se dejan deslumbrar por ella, y **el mensaje cristiano grita en su núcleo la belleza del vivir**[73]. ¡Hay tanta belleza en la creación! Y no me refiero solo a lugares exóticos y extraordinarios como las cataratas del Niágara, las pirámides de Egipto, los rascacielos de Manhattan, las galaxias, el cosmos... sino a una puesta de sol, al fuego de una hoguera, a los árboles en otoño, a las olas rompiendo en la orilla, al rocío de la mañana... ¡Hay tantas obras de arte en el cine, en la música, en la pintura, en la literatura...! Pero, sobre todo, ¡hay tantas vidas bellas! Si los jóvenes fuesen capaces de captar la belleza personal, la unida a la verdad y la bondad de una vida... entonces..., entonces su mirada iría cambiando porque lo haría también su corazón... Ambos se elevarían acercándose a la fuente de toda belleza: la Cruz[74]. De ahí que «si R. Barron pudiese teletransportar a alguien para que contemplase la fe católica en acción y se convenciese de su atractivo, no dudaría en enviarlo a la India. "Le llevaría a Calcuta y le mostraría el trabajo de las monjas de la Madre Teresa"».[75]

Vivir viendo belleza es vivir como contemplativos (la mirada contemplativa es la que se enriquece con la realidad) en cualquier sitio donde estemos, porque la Belleza vive con nosotros, hace su morada en nosotros, se refleja y deja su huella en todo lo que nos rodea. Porque el Verbo, al hacerse carne, *cambió el significado* de la materia. El pan sobrenatural no se opone al cotidiano (como rezamos en el Padrenuestro). Lo más espiritual está unido a lo más carnal. Si no, ¿cómo es posible que, después de una buena comida, uno incluso puede llegar a perdonar a su hermano, recuperar la fe o la confianza en la

---

73 Porque «la belleza es un destello del Espíritu de Dios que transfigura la materia, abriendo nuestras mentes al sentido de lo eterno». J. I. MUNILLA, *o. c.*

74 Cfr. J. RATZINGER, *La belleza/La Iglesia*, Encuentro 2006. Como decía decía G. Thibon, «un pobre que extiende su mano al borde del camino nos parecerá, según sea nuestra mirada, una imagen de Cristo o un desecho de humanidad».

75 R. BARRON, *o. c.*, p. 80.

bondad del mundo? Si comer fuese solo comer... Pero comer es más que alimentarse, más que engullir una masa de hidratos, proteínas... es compartir vida[76].

Por eso, ahora todo lo material esconde un tesoro, ese *algo divino* al que se refería san Josemaría. Y ese tesoro es la posibilidad que nos ofrece cada materia de convertir su uso, su posesión... en posibilidad de encuentro con Dios. Esto es algo maravilloso, algo que queda tan lejos de... *cumplir con Dios*, de el *hacer las cosas que manda la religión.* «¡Dios mío!: encuentro gracia y belleza en todo lo que veo»[77].

El cristianismo no es espiritualista. En su centro está el misterio de la Encarnación y Cristo resucita con un cuerpo glorioso. El cristianismo nos enseña a disfrutar de la materia porque nos muestra cómo emplearla sin perder nunca de vista el fin. Preguntas como: ¿debo comprarme esto?, ¿debo desprenderme de esto?, ¿debo llevar a cabo tal negocio?, se responden únicamente a la luz del fin: no perder la libertad para ser capaz de servir y darse a los demás.

Por tanto, buscar a Dios no nos aparta del mundo; es más, o le encontramos ahí o no le encontraremos, o será una idea y no un Dios encarnado en lo ordinario: **el cielo es para los que han sabido amar y disfrutar de todo lo bueno de esta tierra**. «Tanto amó Dios al mundo que le entregó a su Hijo Unigénito, para que todo el que cree en él no perezca, sino que tenga vida eterna» (Jn 3, 16). Y Jesús mismo le pidió al Padre por los suyos con estas palabras: «No pido que los saques del mundo, sino que los guardes del Maligno. No son del mundo, como yo no soy del mundo» (Jn 18, 15-16). Para los cristianos, toda la materia es como el agua para los peces: fuera de ella, mueren (al separarnos del cuerpo material también nosotros lo hacemos), pero mientras viven, no necesitan acumular agua

---

76 Lo muestra magistralmente K. Blixen en su obra *El festín de Babette.*

77 San JOSEMARÍA, *Forja,* n. 415.

y más agua (¡eso no es vivir!)[78]. Buscamos la glorificación del mundo a través del amor, y con nuestro trabajo lo transformamos (lo hacemos más habitable, un *agua* más potable), aunque nuestra labor pase desapercibida (como esas gotas de agua que se añaden en el vino de la misa... junto a un trozo de pan). Contribuimos así con nuestro granito de arena a formar esa tierra nueva que nos aguarda (cfr. Apc, 21, 1).

---

78 En realidad, no nos preocupamos de la cantidad de agua porque, como hijos de Dios, sabemos que todas las cosas son nuestras (cfr. 1 Cor 3, 22).

5. Vive la fiesta, vive de fiesta

J. Pieper inicia su libro, *Una teoría de la fiesta*, diciendo: «Hay cosas que no pueden tratarse suficientemente si no se habla al mismo tiempo de la totalidad del mundo y la existencia humana» y cita, entre otras, el amor y la muerte[79]. Y algo parecido ocurre con la fiesta: captar su significado supone asomarse al mismo sentido de la existencia. Quien no sabe celebrar, no sabe vivir.

El hombre necesita festejar (que es mucho más que descansar) tanto como necesita trabajar. Y de ahí que parte de la falta de sentido de la fiesta haya que encontrarla en la falta de sentido del trabajo. Por eso, san Juan Pablo II llegó a decir que el hombre, aun vestido de fiesta, es incapaz interiormente de hacer fiesta[80]. Es como si asistiese a un bautizo mientras grita «¡vivan los novios!». Y no sabe hacer fiesta porque, en el fondo, nadie le ha explicado qué significa *celebrar*.

Hoy, para muchos jóvenes, su labor profesional o el estudio, son actividades vistas exclusivamente como una obligación. Si pudiesen prescindir de ellas, lo harían. Además, sitúan a Dios fuera de ellas. No creen que a Dios les importe o tenga algo

---

79 J. PIEPER, *Una teoría de la fiesta*, Rialp 2006, p. 11. Muchas de las ideas de Pieper sobre la fiesta las hemos recogido aquí.

80 San JUAN PABLO II, Carta apostólica *Dies Domini*, n. 4.

que ver con tantas horas de clases, de apuntes, de ejercicios, de prácticas... El hecho es que, al afrontar así el trabajo, este les reclama una compensación, una especie de contrapartida en forma de diversión, de fiesta (también al margen de Dios). La fiesta se convierte así en aquella actividad que les permite huir de la obligada realidad, tantas veces monótona, aburrida y solitaria. Es decir, al perder el sentido del trabajo, pierden también el del descanso y el de la fiesta. Para muchos de ellos, vivir, tener sensación de vida, es algo que solo ocurre los fines de semana. De modo que sus esfuerzos de diario solo cobran sentido al llegar el *weekend*.

Hace años pude conversar con un joven que se dedicaba a poner persianas y me confesaba, con toda naturalidad, que no le gustaba lo que hacía; lo hacía porque le pagaban bien. Y, al preguntarle dónde invertía su dinero, si ahorraba algo, me confesó con toda naturalidad que lo *quemaba* el fin de semana con su novia. Todo el dinero de cinco días los gastaba en dos. «Vivía a tope», fue la expresión que empleó. Quizás su postura parezca un poco exagerada, pero en muchos jóvenes se produce esa dicotomía entre los primeros cinco días de la semana y el *mágico weekend*, donde al fin pueden hacer lo que les gusta: ¡ir de fiesta!

Por eso, con esa sed de diversión y de movida que reclaman, pienso que resulta fácil que sintonicen con un mensaje cristiano que desborda paz y alegría: el cristiano es la luz y la sal del mundo (cfr. Mt 5, 13-15) o, en otras palabras, lleva la fiesta allá donde va. En la película *Cautivos del mal* (1952), la chica, que acaba de triunfar, le dice a su novio: «De repente, en medio de la fiesta, vi una cosa con toda claridad. La fiesta está donde tú estés». El hecho de *creer* es una fiesta en sí misma. Dios ama la fiesta.

El primer milagro de Jesús tuvo lugar proveyendo de vino (del bueno y en abundancia) una boda. También multiplicó los panes y los peces, dando de comer a miles de sus seguidores, convirtiendo en una fiesta su predicación. La misa fue instituida durante una cena, transformando la fiesta judía más importante en lo más sagrado e importante de este mundo: el banquete en el que Él mismo se nos da como comida y bebida. Tras su resurrección, invita a *comer* a los suyos. Y de ahí que el *banquete* sea una de las imágenes más empleadas para referirse al cielo: «Bienaventurados los llamados a la cena de las bodas del Cordero» (Apc 19, 9). «He aquí que estoy a la puerta y llamo: si alguno escucha mi voz y abre la puerta, entraré en su casa y cenaré con él, y él conmigo» (Apc 3, 20).

Realmente el cristiano es el que sabe de qué va la fiesta y, por eso, sabe celebrar y estar en ellas. Al no perder de vista el fin, es capaz de disfrutar de todo lo que le rodea. No idolatra las cosas. No pone en ellas su corazón. Vive con otras aspiraciones. Dios está a su lado. Si Dios es compañero y amigo de viaje (como venimos insistiendo), resultará ilógico (no sería nada amable por nuestra parte) el hecho de dejarlo al margen de la fiesta. Se hace o se prepara una fiesta sobre todo con los amigos, con los íntimos. Y si toda materia (con su grado de belleza) me invita a encontrarme con Él, tampoco resulta lógico que coma y beba a sus espaldas.

Por eso resultan desoladoras estas frases con las que S. Zweig describe el mundo de Calvino: un mundo sin intimidad, lleno de fiscalizadores de las costumbres pero, sobre todo, lleno de prohibiciones. «Prohibidos el teatro, las diversiones, las fiestas populares, el baile, el juego de cualquier tipo. Incluso un deporte tan inocente como el patinaje sobre hielo despierta la envidia biliosa de Calvino. Prohibida cualquier vestimenta que no sea la más sobria, e incluso casi monacal. Prohibidas, por tanto, a los sastres, las hechuras modernas sin permiso del magistrado. Se prohíbe a las mujeres llevar trajes de seda antes de cumplir los quince años. Y después de cumplirlos, se les prohíbe volver a vestir trajes de terciopelo. Se prohíben los vestidos con bordados en oro y plata, con galones, botones y hebillas doradas, así como cualquier otra aplicación de oro y joyas. Se prohíbe a los hombres llevar el pelo largo. A las mujeres, cardarse y ondularse el cabello. Quedan prohibidos los encajes, los guantes, los volantes y los zapatos abiertos. Prohibidas las fiestas familiares de más de veinte personas. Prohibido, en bautizos y esponsales, servir más de una determinada cantidad de platos, o incluso dulces como, por ejemplo, las frutas confitadas. Prohibidos los brindis...»[81].

Dios no es el que *prohíbe* hacer fiestas, sino el *alma* de toda fiesta. Ahí donde está Él, ahí hay fiesta. Decías, como Nietzsche, que solo podrías creer «en un Dios que supiera bailar», pues créeme, sabe. «Celebrar una fiesta significa ponerse en presencia de la divinidad»[82]. Solo existe realmente celebración al entrar en contacto con lo divino. «El hombre bien puede hacer la celebración, pero no lo que se celebra. La felicidad de haber sido creado, la bondad esencial de las cosas, la participación en la vida divina, la victoria sobre la muerte, todos esos motivos de las grandes fiestas tradicionales son puro don. Dado que nadie puede regalarse a sí mismo una cosa, tampoco puede haber verdadera fiesta fundada única y exclusivamente por el hombre»[83]. La verdadera fiesta nos es regalada.

En toda fiesta uno se encuentra y comparte vida con los demás, se da abundancia de comida y bebida, suena la música y se baila en un bailar que es armonía con el mundo, en una especie de intento de querer abrazar la entera creación, manifestación de esa paz y de esa filiación divina que nos lleva al convencimiento de que en Dios poseemos todas las cosas. «Hijo, tú siempre estás conmigo, y todo lo mío es tuyo» (Lc 15, 31). Bailamos porque estamos bien, no para estar bien. No para

---

81 STEFAN ZWEIG, *Castellio contra Calvino. Conciencia contra violencia*, El Acantilado 2001, pp. 67-68.

82 J. PIEPER, *o. c.*, p. 53, donde dice que se trata de una afirmación no impresa de Odo Casel, citada a su vez por Basilissa Huertgen.

83 *Ibidem*, pp. 79-80.

olvidar el mundo, sino como manifestación de que en él nos movemos con soltura, como en nuestro propio hogar.

Y esa abundancia de alimento y bebida son dones, regalos de un universo rico y bello, que nos recuerdan que hemos sido creados para la abundancia. Y la música contribuye a la unidad, a que todo sea uno. La música que acompaña el evento no atonta o imposibilita el diálogo, sino que nos eleva y, de alguna manera, nos ayuda a abrazar y dar gracias por todo lo que ahí acontece. La fiesta no puede prescindir de cierto elemento contemplativo que es sosiego para la mirada que amplía su horizonte cotidiano.

«Nos vamos de fiesta». «Vale, pero ¿qué celebramos?», y nos miran sorprendidos, no ya porque no celebraban nada, sino porque ni siquiera sabían qué había que celebrar. En toda fiesta se celebra algo y toda celebración responde en el fondo a un *es bueno que tú existas* o *¡qué bien que estés aquí!*; es decir, es un reconocimiento de la riqueza existencial, es saborear la alegría de poder compartir la existencia con otras personas. Es compartir juntos dando gracias al cielo, abrazándonos, disfrutando de los frutos de la creación por aquello que nos ha sucedido (realmente se celebra cuando lo acontecido no depende exclusivamente de uno: el nacimiento, el bautizo, el matrimonio, el sacar una oposición o que te haya tocado la lotería). La fiesta rompe con lo útil, con todo aprovechamiento del tiempo; es más, es el tiempo de lo superfluo, de lo abundante, del reconocimiento de la gratuidad, de lo que no tiene precio, de la sobreabundancia como característica del actuar divino. De ahí las acciones de gracias. De ahí el celebrar.

Cuando le preguntaron: «¿Cuántas copas puedo tomar en una fiesta?», respondió: «Ni una más que no te permita seguir sirviendo y estar pendiente de los demás». Esto es no perder de vista el fin. Esto es saber de qué va la fiesta, disfrutarla de verdad. Porque la actitud de servicio, de entrega, es la esencia de toda verdadera fiesta.

En el fondo, *ir de fiesta* es otro modo de entregarse a los demás. «Donde se alegra el amor, allí hay fiesta», decía san Juan Crisóstomo. «El sacrificio es el alma de la fiesta», como apunta Pieper citando a Thomassin. Algo que se sitúa en las antípodas de un llegar a poder desinhibirse con el alcohol para acceder más fácilmente a lo sexual.

Jesús no ha venido a abolir la diversión, sino a darle plenitud. Para nosotros *ir de fiesta* es, sobre todo, ser invitado a la Eucaristía y poder unirnos (más que en un baile) a nuestros hermanos, a toda la creación a través del sacrificio de nuestro Creador y Redentor. Él nos abraza en la Eucaristía, fiesta de las fiestas, para que nosotros hagamos lo mismo con cada uno de nuestros hermanos y con el mundo. No podemos desligar la Eucaristía de la fiesta, ya que, en esta tierra, su celebración es lo más cercano al cielo. ¿O acaso hay algo más interesante para la historia de la humanidad que la celebración de aquel evento que cambió su curso?

Hoy, a los jóvenes tan ávidos de fiesta, les podemos ofrecer este mensaje, esta invitación: **convertid vuestra entera existencia en una fiesta**. No la reduzcáis a un par de días a la semana. ¿Cómo? Asistiendo frecuentemente a la Eucaristía. Celebrando la renovación del mismo sacrificio de la Cruz por el que hemos sido redimidos, salvados. Pues en la medida en la que vuestra jornada habitual esté impregnada de la misa y viva de ella, uniendo todo vuestro quehacer a tal sacrificio, sacando fuerzas de ahí para la entrega, vuestra vida se convertirá en una fiesta.

Aceptad esa mano que Dios diariamente os brinda y que empiece la música, el baile. Porque esos momentos que evocan lo eterno, esa felicidad experimentada en la fiesta, pueden, de alguna manera, prolongarse a todos los momentos de vuestra vida, cuando caemos en la cuenta de que están transidos por lo divino. Entonces, vuestro estudio o trabajo no será tensión que reclame el desfogo o el olvido; entonces no viviréis una doble vida; entonces la fiesta y el servicio se besarán y, entregándoos a los demás, seréis realmente la luz del mundo (de las discotecas) y la sal de la tierra (de las fiestas)[84].

La fiesta ha quedado transformada: no será ya vista como un momento de tensión donde sus creencias van a ser probadas, sino como una ocasión más de conocer gente nueva, de entablar amistades, de agradecer a Dios la existencia, la bondad y sobreabundancia del mundo, de servir. El disfrute está en esto y no en perder el control sobre uno mismo.

Con el corazón de fiesta era el título de otra vieja canción, pero también la idea central de este punto. «Señor, haznos vivir la vida no como una partida de ajedrez en la que todo se calcula, no como un partido donde todo es rivalidad, no como un teorema que nos rompe la cabeza, sino como una fiesta sin fin, como un baile entre los brazos de tu gracia mientras suena la melodía universal del amor».

---

84   Cfr. Mt 5, 13-16.

6. Atrévete a amar en serio

Ese Dios de la fiesta, el que ama el mundo y a cada uno de nosotros con locura, es también el que más sabe de amor, no es que sepa o *que lo haga*, es que **es**: «Dios es amor» (1Jn 4, 8) y, consecuentemente, solo sabe actuar amando. Por eso, «el cristianismo supera en romanticismo, en ternura, en afecto, en entrega, a cualquier historia de amor que los hombres y las mujeres hayan escrito y vivido nunca. El cristianismo es «La historia de amor más grande jamás contada»"[85].

El sexo, como una dimensión del amor entre quienes quieren entregarse al otro de por vida, ni es malo ni es la dimensión animal del hombre que se debe reprimir. Cada parte del sexo (la silueta, los gestos, la necesidad del tacto, los besos, etc.) tiene un por qué, una finalidad. El amor no es algo divertido, sino algo fructífero: un poder procreador maravilloso que no merece ser banalizado. Ni juega con las personas, ni las instrumentaliza para su placer, ni quiere que sufran. Como decía G. Thibon: «Amar es tener hambre juntos, no devorarse el uno al otro».

Por eso, una vez afirmada la positividad y bondad del sexo, y dado el panorama sexual en el que hoy nadan los jóvenes, la

---

85 J. AGUIRREAMALLOA, *La historia de amor más grande jamás contada*, Palabra 2021, p. 19. El lector podrá encontrar en este libro un atractivo resumen de la doctrina cristiana.

osadía del cristianismo es recordarles que **entender el cuerpo que Dios nos ha dado supone alcanzar el mayor gozo sexual, porque sin Dios no hay buen sexo**[86]. Y no hay buen sexo porque no se disfruta tanto como podría disfrutarse. El sexo, tal y como lo pensó su Creador, va a la búsqueda del placer de abandonarse plenamente, de fundirse en el otro, de perderse en el otro, solo así se abren las puertas del misterio que sobrepasa lo que la cópula carnal puede llegar a ofrecernos. El sexo es el gozo de un regalo hecho y pensado por Dios y, sin *Él*, es muy arriesgado, porque es fácil que se cuele el egoísmo, el equilibrio de derechos, el miedo o la instrumentalización del otro.

Nos revela san Pablo: «Huid de la fornicación. Todo pecado que un hombre comete queda fuera de su cuerpo; pero el que fornica peca contra su propio cuerpo. ¿O no sabéis que vuestro cuerpo es templo del Espíritu Santo, que está en vosotros y habéis recibido de Dios, y que no os pertenecéis? Habéis sido comprados mediante un precio. Glorificad, por tanto, a Dios en vuestro cuerpo» (1Cor 6, 18-20). ¿Qué significa que nuestro cuerpo sea *templo del Espíritu Santo*?

No es cristiana la visión dualista del hombre que lo presenta como un espíritu que a duras penas consigue gobernar un cuerpo lleno de rebeldías. El amor sexual es algo enteramente personal, entrega de alma y cuerpo (no solo de este último). Aparte de que las mayores y más peligrosas rebeldías que experimentamos son las referentes a la soberbia, nuestro cuerpo, y no solo nuestra alma, está llamado a ser templo de la divinidad. Es decir, se trata de un cuerpo inhabitado. Ni insensible ni sometido, sino inhabitado por Dios, a quien solo *echamos* cuando somos egoístas, porque es el *lugar* de la entrega, del sacrificio y de la plenitud. Como Jesús trataba de explicarles a los judíos: «Destruid este Templo y en tres días lo levantaré. Los judíos contestaron: ¿En cuarenta y seis años ha sido cons-

---

86 Me han resultado interesantes algunas de las reflexiones de F. HADJADJ, *La profundidad de los sexos. Por una mística de la carne*, Nuevoinicio 2012.

truido este Templo y tú lo vas a levantar en tres días? Pero Él se refería al Templo de su cuerpo» (Jn 2, 19-21).

Con su presencia en aquella boda en Caná, al principio de su ministerio, Cristo quiso bendecir el matrimonio. Es más, elevó el amor verdadero entre un hombre y una mujer a la categoría de sacramento, es decir, aseguró su asistencia entre los invitados y, con ella, el mejor regalo: su ayuda para mantener ese amor en el tiempo[87].

La Iglesia, con su «uno con una para siempre», apuesta por el amor verdadero: el exclusivo y hasta la muerte, porque así lo aprendió y lo experimentó de Jesucristo.

Cuando el amor es verdadero, es exclusivo. Decía muy gráficamente G. K. Chesterton que «el matrimonio descansa sobre el hecho de que no es posible al mismo tiempo quedarse con el pastel y comérselo; no puedes dar el corazón y quedarte con él». Esa forma de darse y de recibir al otro, ese perderse en el otro, no puede ser compartida con otro. Ahí no caben los condicionales. Si de verdad un hombre y una mujer se profesan amor (y no un simple *me gusta*) para unir sus vidas (a imagen de cómo hemos venido diciendo que Dios comparte la suya con la nuestra), no caben los *mientras*: un *te quiero mientras tengas dinero, te quiero mientras conserves tu belleza, te quiero mientras no te enfermes*, etc. Todos ellos adulteran el amor, son maneras de engañarse, porque lo que realmente ahí se quiere (aunque se diga otra cosa) no es a esa persona, sino su dinero, su cuerpo bien proporcionado, su salud, etc. Amar no es un sentimiento ni una convicción. Es un acto de voluntad, es querer el bien del otro, querer al otro.

---

87 Me gusta contemplar los siete sacramentos (bautismo, confirmación, eucaristía, orden sacerdotal, matrimonio, reconciliación y unción) como aquellos momentos en los que se dan las grandes decisiones de los hombres y ese Dios que quiere compartir su vida con nosotros, no quiere perdérselos. En concreto, al tratarse de amor verdadero, y siendo Él el que más sabe de amor, se autoinvita al matrimonio cristiano y lo hace regalándonos no la lavadora u otro objeto de la lista de bodas, sino su ayuda para preservar ese amor a lo largo del tiempo: ¡no existe regalo mejor!

Comprendo el miedo al compromiso generado por la sociedad relativista, por tantos matrimonio fracasados (no hace falta ya que sean de famosos), por la propia experiencia familiar, por respeto al futuro, etc. Somos imperfectos, con los deseos más grandes que las obras. Frágiles... Reconozcámoslo: somos débiles y Dios lo sabe; es más, como lo sabe, asiste a nuestro compromiso matrimonial con su fortaleza, con todo su poder, con su gracia. Y, de esta manera, subir al altar en el día de la boda suena (o debería sonar) más o menos así: «Señor, dame fuerzas y paciencia para querer a mi esposo (o a mi esposa) como lo/la quiero hoy, mejor, auméntame el amor que hoy siento por él/ella. Yo no me fío de mí mismo/misma: sé que hoy le (la quiero, pero mañana... ¿Le/la querré? ¿Me querrá? No sé lo que nos deparará la vida. Señor, ayúdanos, ayúdame». ¿Verdad que, dichas las cosas así, no hace falta ser un héroe para casarse? Basta con querer hacer las cosas bien y confiar en Dios. El futuro, nosotros mismos, estamos en sus manos. El matrimonio es siempre cosa de tres.

Quizá se vea más claro esto al considerar lo que dice G. K. Chesterton: «Si los americanos pueden divorciarse por incompatibilidad de caracteres, no entiendo cómo todavía no están ya todos divorciados. He conocido a muchas parejas felices, pero ni siquiera una que fuera compatible. La mira principal del matrimonio consiste en combatir duramente y superar el instante en el que la incompatibilidad se vuelve indiscutible. Porque un hombre y una mujer, en cuanto tales, son incompatibles». Por eso, la gracia no solo eleva y perfecciona, sino que nos sana, sobre todo del egoísmo, el gran enemigo también del matrimonio. Casarse es dejar de pertenecerse, conjugar la felicidad en plural: «Ya no puedo ser feliz si tú no lo eres».

Y si es verdadero, esa exclusividad solo se rompe con la muerte. El «sí para siempre» pronunciado en un momento concreto se renueva, se hace realidad, el resto de la vida. «Lo auténticamente romántico no es el enamoramiento y sus lunas de miel, sino la fidelidad a ese amor, aun por encima y más allá de emociones y sentimientos» (A. de Silva). Una fidelidad que no consiste en aguantar y en fingir cuando uno ya no siente nada, sino en buscar y revivir esa poca luz que queda en el otro, soplar las brasas, buscar lo bueno aun cuando ha fallado. El encontrarse a uno mismo, pese al paso de tantos años, en la mirada de la persona amada es hermoso, llena y... mucho. Compensa todo esfuerzo por emplear el poco aire que nos quede. Y, de alguna manera, uno va *guardando* su vida en la del otro, en quien ya vive.

Me resultó conmovedora la frase que me dijo el marido tras el funeral de su mujer, con la que había vivido tantos años: «Semanas antes de irse, cuando la miraba a los ojos, veía en ellos conservada mi historia, nuestra historia. Al verla a ella, me veía a mí».

La virtud que salvaguarda ese amor tan exclusivo, la castidad, no es algo opuesto a una vida emotiva rica y sensible: el hombre (o la mujer) perfectamente casto/a no es el/la que reprime las emociones sexuales, sino el/la que las engloba en su capacidad de amar. La mortificación, el ayuno, la abstinencia, la virginidad, etc. no tienen el carácter de actitudes negativas o contrarias a la naturaleza, sino como protección y expansión, pleno disfrute, de la naturaleza misma. El cristianismo es el más alto humanismo. Para el cristiano, **la castidad es virtud que hace posible el amor auténtico**. Así la define *Familiaris consortio*: «Energía espiritual que sabe defender el amor del peligro del egoísmo y de la agresividad, y sabe promoverlo hacia su realización plena» (n. 33). Es decir, ama en serio, atrévete a comprometerte, a entregarte, a dar tu vida por otro. Quiérelo por encima de ti mismo: no se contrae matrimonio, se entrega uno a él.

San Juan Pablo II manifestó alguna vez que, siendo todavía joven, aprendió a amar el amor humano. Y san Josemaría afirmaba: «Yo veo el lecho conyugal como un altar»[88]. Los esposos no han de tener miedo a expresar su cariño. ¡Esa entrega amorosa glorifica a Dios! La unión conyugal es icono del amor de Dios porque es un acto de entrega plena: el «esto es mi cuerpo» de la Eucaristía hace paralelismo con ese *entregar el cuerpo a una persona de por vida*. Los esposos, «al unirse ellos en una sola carne, representan el desposorio del Hijo de Dios con la naturaleza humana»[89].

Efectivamente, en la Eucaristía contemplamos la entrega de un Dios por amor. Una entrega sacrificial hasta la inmolación del propio cuerpo en la Cruz. La Eucaristía nace de la Cruz. Pero ese amor es tan verdadero que es para siempre y, por eso, tal sacrificio se prolonga hasta el fin de los tiempos en cada Eucaristía: «Tomad y comed todos de él. Esto es mi Cuerpo que se entrega por vosotros». Al recibir el cuerpo del Señor, al comulgar, adquirimos la ayuda necesaria para amar así, entregándonos plenamente a los demás y, en el caso de los casados, al propio cónyuge. Fundirse con el otro hasta desaparecer en él bien puede significar el acto de entrega conyugal como el de comulgar. De ahí la profundidad de san Josemaría al proclamar el paralelismo entre un altar con el lecho matrimonial.

Ahora bien, ese amor en serio desembocará en algunos jóvenes en **una entrega a Dios en el celibato**. Un don que recordará a los casados que en este mundo hay algo más que reproducirse. Por eso decía Gregorio Nacianceno: «No existiría la virginidad si no existiera el matrimonio, pero el matrimonio no sería santo si no estuviera acompañado por el fruto de la virginidad»[90]. Los célibes por amor al reino de los cielos aprenden de los casados generosidad, olvido de uno mismo, espíritu de sacrificio, etc. Y, al mismo tiempo, su vida de amor invita

---

88 San JOSEMARÍA, Apuntes tomados de una reunión familiar (1967), recogidos en *Diccionario de San Josemaría*, Burgos 2013, p. 490.
89 Papa FRANCISCO, Ex. Apost. *Amoris Laetitia*, n. 73.
90 San GREGORIO NACIANCENO, *Oratio* 37, 10.

a los casados a mirar las cosas de arriba, a buscar los placeres más grandes, las bellezas más sublimes, etc. Si el matrimonio es algo increíble pues… intentemos imaginar la bondad y belleza de aquello a lo que unos cuantos elegidos han optado renunciando a él.

Además, el celibato transmite este mensaje al matrimonio: lo libra de la idea de que cada cónyuge deba ser el Todo para el otro, algo que en realidad solo Dios puede hacer. Se vende el matrimonio como el descubrimiento de esa persona que te enamora y te llena, que te suple en todo lo que tú no llegas (a esto le llaman *complementariedad*), que nunca te va a fallar, que cumple todas tus expectativas… y, claro, si un día alguien así (que no existe) te traiciona, tienes todo el derecho del mundo a dejarlo plantado y a intentarlo de nuevo. ¡Qué lejos está este planteamiento de la realidad!: casarse es dejar de pertenecerse, porque amar, lo que se dice amar, es querer al otro por encima de uno mismo.

Dios es y será siempre nuestro Todo. Por eso, el amor entre un hombre y una mujer apunta más allá de sí mismo. El matrimonio es siempre camino, no meta. La meta sigue siendo la plenitud que solo se encuentra en Él.

7. REBELDES CON CAUSA

Ese Dios que nos invita a amar en serio (pues es Amor), también ha querido que seamos libres, libres porque hemos sido creados a su imagen y semejanza, libres para amar. «Dios obra por amor, pone amor y quiere solo amor, correspondencia, reciprocidad, amistad. Y de ese amor de amistad, solo la libertad es capaz: así, Dios me ha hecho libre, porque es la única manera de obtener ese amor de benevolencia. [...] no hay otra manera de obtener amor de benevolencia que dar al otro la libertad de que me quiera si quiere. Si le coacciono, si le privo de libertad, lo que obtenga no será ya amor, serán satisfacciones o utilidades, pero no amor»[91]. Por eso «la libertad es el instrumento que puso Dios en las manos del hombre para que realizase su destino» (E. Castelar).

Es lógico, como vimos en la primera parte, que se identifiquen los años juveniles con el reclamo de libertad. Ser joven es tener ganas de libertad, de ser uno mismo. Don Quijote explicaba a su escudero: «La libertad, Sancho, es uno de los más preciosos dones que a los hombres dieron los cielos; con ella no pueden igualarse los tesoros que encierra la tierra ni el mar encubre; por la libertad, así como por la honra, se puede

---

91 C. CARDONA, *o. c.*, p. 69.

y debe dar la vida»... porque sin libertad uno dejaría de ser... él mismo.

Jesucristo afirmó de sí mismo que era la Verdad (Jn 14, 6) y también dijo que sería la verdad la que nos haría libres (Jn 8, 32). Por tanto, la libertad está en estrecha relación con la verdad, con la verdad de uno mismo (insistimos que hemos sido creados para amar y que, realmente somos libres cuando amamos). Como apuntaba J. Ratzinger en *Cooperadores de la verdad*: «El amor por sí solo no basta. Si se halla enfrentado a la verdad, es un amor vano. Solo cuando coinciden verdad y amor, puede el hombre llegar a ser feliz: únicamente la verdad nos hace libres».

Ahora bien, si preguntásemos a los jóvenes qué entienden por *libertad*, la mayoría de sus respuestas nos conducirían a la libertad de ejercicio o de elección, es decir, a un *no estar en prisión* (quien está en la cárcel no es libre o es menos libre), o al poder elegir lo que les dé la gana (quien tiene más opciones, por gozar de salud y de una mayor capacidad adquisitiva, sería más libre). Y, ciertamente, estas dos posibilidades o dimensiones de la libertad les ayudan a ser ellos mismos, pero resultan insuficientes. Hace falta la verdad, el fin, la meta a la que hay que intentar encaminar esas elecciones (se esté o no entre rejas) para ejercer plenamente la libertad.

Porque ser libres es mucho más que *estar fuera de la cárcel* o el mero hecho de poder elegir. Uno puede ser libre en una cárcel como, por ejemplo, nos muestra R. Benigni en *La vida es bella* o Andy Dufresne en *Cadena perpetua*. Y, además, no basta con poder elegir sin más, así, sin un por qué. La libertad de ejercicio y de elección son manifestaciones exteriores de libertad, de esa libertad verdadera interior que es cuando *elegimos* y *queremos* la felicidad verdadera (no sus sucedáneos), la auténtica (no la que en un momento determinado nos conviene), el bien, el fin, cuando verdaderamente amamos. Ser libre no es hacer lo que me da la gana, sino hacer el bien porque me da la gana[92].

La verdadera libertad tiene que ver con ser ellos mismos de verdad (y no con el individualismo), es decir, con llevar a cabo la misión (vocación: mi vida con Cristo en Dios) para la que todos hemos sido creados. Y tal misión, independientemente de la profesión de cada uno, de sus cualidades y del modo de entregarse a Dios, es amar, dar la vida a los demás queriéndoles. Más concretamente, consiste en aceptarse (porque uno no se puede dar sin que previamente se posea), abrirse al amor de Dios y recibirlo para darlo, sirviendo a los demás.

Me llamó la atención el acierto con que F. Sheen aconsejaba a quienes no tenían fe y vagaban sin rumbo por la vida, dejándose llevar por el mero transcurso de los años. Ciertamente podían haberse propuesto ciertas metas, como cursar una carrera, formar una familia, ganar dinero, tener una buena casa y un buen coche, visitar ciertos países exóticos, pero nada realmente transcendente. El segundo consejo que este teólogo les daba era «abrirse a las experiencias y encuentros con lo divino» que llegan de fuera. Ponía así de manifiesto la necesidad de estar disponible a *algo* nuevo, diferente, al *¿y por qué no?* Pero el primer consejo, el que captó mi atención, fue: «Ve y ayuda al prójimo». Es decir, no solo ábrete, sino date a los demás, entrégate, sal de tu *yo*, de tu comodidad, hasta descubrir que el prójimo es parte de ti mismo[93].

Son palabras de Jesús a los suyos: «El que ama su vida la perderá, y el que aborrece su vida en este mundo, la guardará para la vida eterna» (Jn 12, 25). Palabras que esconden el secreto de la vida, de la felicidad que este mundo puede llegar a dar.

---

92 No somos realmente libres solo al elegir o al hacer. Es verdad que la mera elección o ejecución de una buena acción responde a un acto libre, pero la libertad reclama el amar, el querer aquello que se elige, aquello que se decide hacer.

93 F. SHEEN, *Dios y el hombre*, Rialp 2020, pp. 24-27.

Resulta clave, en este sentido, fomentarles el espíritu de servicio, es decir, de iniciativa, la capacidad para adelantarse a los requerimientos o necesidades de los demás (no existe comunión sin sacrificio). Llama la atención el contraste entre sus requerimientos de libertad (*déjame en paz*) y su comodidad, pereza o pasividad para lo grande, para lo que requiere un poco o mucho sacrificio. Parece que la libertad es reclamada solo para que les dejen hacer lo fácil.

Pero ser feliz no va de tener una vida cómoda, sino un corazón enamorado. No va de evitar a toda costa el sacrificio y el dolor, sino de saber crecer con ellos. No va de *montárselo*, sino de *darse*. Tenía razón S. Kierkeegard: «La puerta de la felicidad se abre hacia afuera, y quien intenta hacerlo hacia adentro no logra sino cerrarla más fuertemente». Lo que somos aumenta en la medida en que damos, nos damos.

Nos cuenta V. E. Frankl, un neurólogo y psiquiatra vienés que estuvo en Auschwitz: «Los supervivientes de los campos de concentración aún recordamos a algunos hombres que visitaban los barracones consolando a los demás y ofreciéndoles su único mendrugo de pan. Quizá no fuesen muchos, pero esos pocos representaban una muestra irrefutable de que al hombre se le puede arrebatar todo salvo una cosa: la última de las libertades humanas —la elección de la actitud personal que debe adoptar frente al destino —para decidir su propio camino.

»Y allí siempre se presentaban ocasiones para elegir. A diario, a cualquier hora, se ofrecía la oportunidad de tomar una decisión que determinaba si uno se sometería o no a las fuerzas que amenazaban con robarle el último resquicio de su personalidad: la libertad interior. Una decisión que también prefijaba si la persona se convertiría —al renunciar a su propia libertad y dignidad —en juguete o esclavo de las condiciones del campo para así dejarse modelar hasta conducirse como un prisionero típico»[94].

---

94   V. E. FRANKL, *El hombre en busca de sentido*, Herder 1979, pp. 90-91.

La libertad es algo más interior que exterior, tiene que ver más con conservar el *yo* que con pancartas y manifestaciones. Es más, si el hombre es capaz de mantener su capacidad de elección es porque puede conservar un reducto de libertad interior, de independencia mental, incluso en situaciones tan extremas y dolorosas. Independientemente de lo crudas que puedan ser las circunstancias que nos rodean, uno siempre puede elegir amar o no: esta es la cuestión.

E, insistimos, que si **la vida va de esto, de amar, la libertad es para eso, para amar**. Cristo nos ganó esta libertad en la cruz (máxima manifestación de su amor): «Si el Hijo os librase, seréis verdaderamente libres» (Jn 8, 36). Fue ahí donde se ganó la batalla al pecado, es decir, a todo aquello que nos impide ser libres de verdad. Porque todo lo que me impide ser yo mismo merma mi libertad.

Es en esta clave de amor donde comprenderán más fácilmente que **si el pecado ofende a Dios es por lo mucho que les ama**. «El pecado ofende a Dios en cuanto perjudica al hombre», decía santo Tomás de Aquino. Dios está con nosotros. Juega en nuestro equipo. Es el gran defensor de nuestra vida, de nuestra felicidad, de nuestra libertad.

Por tanto, rebeldes pero *con causa*[95]; rebeldes para mostrarles que esa libertad que añoran la alcanzarán no a base de quitar obstáculos para conseguir sus caprichos, pretendiendo que todo les resulte cada vez más fácil, sino combatiendo todo lo que les degrada, lo que les impide darse a los demás, amar. Cediendo a la droga, al alcohol sin medida, a la pornografía, etc. pierden libertad.

Los vicios nos encadenan, van forjando una cadena que nos ata, que nos condiciona, acaban robándonos este don tan

---

95 Un juego de palabras en referencia a la famosa película de James Dean, *Rebelde sin causa* (Nicholas Ray, 1955).

grande: la libertad[96]. Poseen una estructura muy concreta: sus actos son como una especie de caída en un embudo en el que, si uno deja de trepar, sigue cayendo y, a medida que pasa el tiempo, cae cada vez más profundamente. Y lo peor es pensar que uno sigue teniendo el control, que no necesita ayuda porque hasta ahora no se lo había propuesto. Esto es engañarse. El vicio va sutilmente encerrándote en una prisión (la tuya propia), te impide abrirte a los demás, esclavizándote, hasta que al mirarte un día al espejo (o sin necesidad de hacerlo) te descubres como un desconocido (para ti mismo). Un buen ejemplo de este recorrido lo ofrece la serie *Breaking Bad*. Quizás al principio fue la curiosidad, la novedad, el ver qué pasa, el probar algo nuevo, el divertirse... pero, al poco tiempo, uno ni comprende dónde se ha metido ni cómo ha podido llegar hasta ahí.

La historia de la literatura está llena de este tipo de estructuras. ¿Quién no la recuerda en *La tragedia de Macbeth* bajo la forma de poder; en *Anna Karenina* de L. Tolstoi a través del placer; en *El jugador* de F. Dostoyevski con el juego; en *La perla* de J. Steinbeck bajo la forma de envidia, etc.? En todas ellas percibimos una actividad pegajosa, que atrae y fascina, capaz de anular la voluntad de sus víctimas y convertirlas en marionetas de su propia existencia. Todas estas obras narran con maestría el lento pero constante deterioro de los protagonistas

---

96 De ahí el comentario del papa Francisco: «No siempre se distingue adecuadamente entre acto *voluntario* y acto *libre*. Alguien puede querer algo malo con una gran fuerza de voluntad, pero a causa de una pasión irresistible o de una mala educación. En ese caso, su decisión es muy voluntaria, no contradice la inclinación de su querer, pero no es libre, porque se le ha vuelto casi imposible no optar por ese mal. Es lo que sucede con un adicto compulsivo a la droga. Cuando la quiere, lo hace con todas sus ganas, pero está tan condicionado que por el momento no es capaz de tomar otra decisión. Por lo tanto, su decisión es voluntaria, pero no es libre. No tiene sentido "dejar que elija con libertad", ya que, de hecho, no puede elegir, y exponerlo a la droga solo aumenta la dependencia. Necesita la ayuda de los demás y un camino educativo» (Ex. Apost. *Amoris, Laetitia*, n. 273).

deslizándose por ese embudo en forma de pendiente que, al principio les promete todo y, al final, les deja vacíos.

Por tanto, *rebeldes* sí y no solo durante la juventud, sino siempre, porque amamos la libertad y nos da pena ver a tantos jóvenes usados, empleados como marionetas, sin resortes, anestesiados por una pantalla, sin capacidad de reacción. Rebeldes contra todo aquello que les roba la vida, les arrastra hacia el embudo y les va despojando de su condición de hijos.

8. No hay gloria sin dolor

No hay cristianismo sin cruz porque no hay Resurrección sin Cruz. Sin Cruz no hay gloria. Quien haya hecho alguna etapa del Camino del Santiago se habrá fijado en algún peregrino con una de esas camisetas cuyo lema dice: «No hay gloria sin dolor». Así, frente al Dios merengue, se alza la cruz.

Decía G. Greene: «Dios nos gusta... de lejos, como el sol, cuando podemos disfrutar de su calorcillo y esquivar su quemadura». Y esta es la actitud de algunos jóvenes que siguen queriendo controlar, que le dan su tiempo pero en la medida en que se encuentren bien, en la medida en que les guste. Como cuando, siendo niños, ofrecíamos a nuestro amigo un poco de bocadillo poniendo los dedos en el pan marcando así el límite hasta donde queríamos que mordiese. En el fondo, se conforman con una felicidad *a su medida*, no a la medida de Dios.

Pero lo cierto es que no se entra en la fe cristiana «como en una pastelería, dispuestos a hartarnos de dulzuras. Se entra en ella como en la tormenta, dispuestos a que nos agite, dispuestos a que ilumine el mundo como la luz de los relámpagos, vivísima, pero demasiado breve para que nuestros ojos terminen de contemplarlo y entenderlo todo» (J. L. Martín Descalzo). Dios nos salva más allá de nosotros mismos: de lo que pensamos que podemos llegar a pensar o hacer. Si le dejamos, nos romperá los moldes. Como se decía en el inicio de la película *Bella*: «*Si* quieres hacer reír a Dios, cuéntale tus planes».

De entrada, el dolor, si se puede, se evita, pero sin olvidar que su aparición, antes o después es segura, ya que toda vida real es una mezcla de dicha y dolor. La vida duele. Duele sacar adelante la familia, el trabajo, cualquier proyecto, el propio cuerpo. Me comentaba, medio en broma medio en serio, un amigo que «detrás de un plan que ha salido bien siempre encuentras a alguien hasta las narices».

No basta con desear las cosas para tenerlas, algo típico de la adolescencia. Y no existe amor verdadero sin entrega, sin renuncia, sin responsabilidad, pese a que sigan intentando vendernos un amor en el que la idea de sacrificio no existe porque basta con desearlo, desearlo mucho, para que todo vaya bien (y, si no va así de bien, es que todavía lo has deseado poco). Es más, hasta el mismo placer, sin medida, duele. Ya lo decía Séneca: «El día en el que te domine el placer, te dominará también el dolor».

Acostumbrados los jóvenes a una idea de felicidad que nada quiere saber de dolor (la que continuamente tratan de venderles), cuando este aparece, se sienten desorientados[97]. Y hay que proporcionarles los medios para cuando lleguen las dificultades, superar los bajones; para cuando no sepan lo que les está pasando, puedan controlarse; para cuando les duela… porque es imposible vivir en este mundo al margen del sufrimiento. Así, frente a la búsqueda desenfrenada de placeres que hoy nos ofrece este mundo tan hedonista, y una vez dicho que el cristiano es el que realmente sabe disfrutar del mundo (en su medida) porque donde está Él, ahí está la fiesta, el mensaje que el cristianismo ofrece ante el dolor resulta increíble.

---

97 Para una buena reflexión sobre cómo sacar partido del dolor inevitable, cfr. L. GUTIÉRREZ ROJAS, *La belleza de vivir*, Ciudadela 2021. Aquí hemos desarrollado algunas de sus ideas.

«La única actitud que da cuenta del dolor, le otorga un sentido, y lo integra dentro de la vida humana, es la actitud cristiana. Para un cristiano, el dolor no es una desgracia, sino una tarea, una consecuencia del pecado y de la debilidad. Pero el pecado ha sido perdonado y la debilidad redimida. Se otorga una nueva vida, injertada en Cristo, que tendrá su culminación en la eternidad [...]. El cristiano no se limita a soportar el pecado ni el dolor: es activo respecto a ellos. Su actividad se dirige a reunificar lo humano destruido, a recomponerlo mediante su unión con el dolor de Cristo. Es una ascensión hacia la unidad perdida.

»En lo cristiano está encerrada una gran riqueza de actitudes frente al dolor: la aceptación de la contradicción, el crecimiento interior a través de la purificación, la superación de la soberbia humana y el anonadamiento frente a la acción de Dios»[98].

P. Claudel lo explicaba así: «El Hijo de Dios no vino a destruir el sufrimiento, sino a sufrir con nosotros. No vino a destruir la cruz, sino a tenderse sobre ella. Cristo nos ha enseñado el camino para salir del dolor y la posibilidad de su transformación». Es decir, el dolor nos *sigue doliendo*, pero no cae ya en saco roto, no queda encerrado en un absurdo callejón sin salida. No es que los cristianos pensemos que sea bueno, pero sabemos que, al ser asumido por Cristo, podemos sacar de él algo bueno. Su amor lo ha transformado. Le ha dado sentido. Es más, desde su muerte en la Cruz, el dolor, de un modo misterioso, se ha convertido en señal de predilección: toda enfermedad es ya, ni más ni menos, una invitación a corredimir con Cristo. «Esta es la absoluta novedad del cristianismo: el dolor no va contra la vida, sino que está al servicio de la vida, de la vida eterna. El dolor es provechoso para la salvación de todos los hombres. El misterio de Cristo y de su Iglesia incluye el misterio de nuestro sufrimiento. Y nuestro principal problema no

---

98   R. YEPES, *Entender el mundo de hoy*, Rialp 1993, pp. 134-35.

estriba en comprenderlo, sino en nuestra fe en Cristo. Frente al Crucifijo, la única actitud adecuada es la de capitulación, que se hace adoración: "Mirad el árbol de la Cruz, donde estuvo clavada la salvación del mundo" (liturgia del Viernes Santo)» (J. B. Torelló).

El dolor **nos hace madurar**: «El hombre que no fue educado por el dolor sigue siendo siempre niño» (N. Tommasso). Quien nunca ha sufrido resultará ser alguien insoportable, poco humano. Pasa lo mismo que con aquellas personas que todo lo quieren tener perfecto: resultan insoportables. El dolor nos hace más fuertes, nos hace aumentar nuestras medidas de aguante y **hace que nos conozcamos mejor**: muchas veces, nuestra verdadera caridad aflora en el trato con cargantes e inoportunos; nuestra paciencia con aquellos que siempre llegan tarde; nuestra fe cuando no vemos ni sentimos nada; nuestra alegría cuando nos duele y sonreímos, etc. Además, puede advertirnos de males mayores: un pequeño malestar puede advertir a tiempo de un cáncer.

El dolor también **nos hace humildes, más comprensivos con los demás, más amables: porque nos sentimos vulnerables**. La imagen de un famoso y rico hace unos años que se muere porque, infectado por el coronavirus, no consiguieron proporcionarle un respirador a tiempo, habla por sí sola. Además, nos hace pensar sobre lo esencial, sobre lo que realmente importa. Cuando se produce un «dolor verdadero, auténtico —confesaba F. Dostoyevski en *Los Demonios*—, hasta los imbéciles se vuelven a veces inteligentes».

Si el Hijo de Dios murió como lo hizo, fue porque quiso, porque nos quiso; fue para mostrarnos que el amor es más fuerte que cualquier sufrimiento. Y volvería a morir así por cada uno de nosotros para volver a gritarnos desde la cruz: «¡Te quiero!, estoy dispuesto a hacer esto por ti, por vencer todo aquello que te quita la libertad, todo lo que daña y te empequeñece». Dios no abolió el dolor, se sirve de él para gritar a un mundo de sordos y abrir los ojos a muchos ciegos.

San Juan Pablo II escribió que cuando sufrimos nos hacemos «particularmente receptivos, particularmente abiertos a la acción de las fuerzas salvíficas de Dios»[99]. El dolor es... ¡salvífico!

Tenía razón en esto Nietzsche: «Quien tiene algo por *qué* vivir, es capaz de soportar cualquier *cómo*». El dolor es algo de lo que Jesús se apropia para sacar bien. Algo que... ¡resulta increíble! R. Tagore, al descubrirlo, sentenciaba: «La lección más importante que pueda aprender el hombre en la vida no es que en el mundo existe el dolor, sino que depende de nosotros sacar provecho de él y que nos está permitido transformarlo en alegría».

La diferencia entre el dolor y el sacrificio está en hacer algo por los demás. El sacrificio no se queda en el mero *me duele*, sino que tiene en cuenta al *otro*. ¿Cómo? Ofreciendo por él ese dolor. Por eso, el sacrificio trasciende de alguna manera el mero dolor. Y ese *otro* puede resultarnos cercano y próximo, querido, pero también puede ser alguien desconocido. El ofrecer el dolor por «las almas del purgatorio», «por los que están en guerra», «por las víctimas del coronavirus», «por la conversión de tal amigo» es manifestación de la verdad de la comunión de los santos, de la increíble fraternidad universal de todos los seres humanos. «Solo los hombres buenos lloran. Si un hombre no ha derramado su llanto ante el dolor del mundo, vale menos que el barro que pesa, ya que el barro produce semillas, raíces, tallos, hojas y flores, pero el espíritu del hombre sin piedad es estéril y no produce nada, o solamente produce orgullo que tarde o temprano le llevará al asesinato de una forma u otra, al asesinato de las cosas buenas, o hasta quizá al asesinato de seres humanos»[100].

---

99 San JUAN PABLO II, en Carta Apost. *Salvifici doloris* n. 23.

100 W. SAROYAN, *La comedia humana*, Acantilado 1980, p. 159.

En fin, la vida no consiste en evitar el dolor a toda costa creando un microcosmos artificial que nos proteja y haga invulnerables a los problemas de los demás y a las tragedias del mundo. Saborear la vida, vivirla plenamente, requiere abandonar ese microcosmos del «te lo compro», «me apetece», «qué guay», «lo veo» (deja de mirar el móvil, quítate los cascos; es decir, mira el rostro de los demás, escucha), para darse cuenta de que **los demás también existen** y que preocuparse por ellos, adelantarse a sus necesidades y servirles, es clave no solo para llevar el dolor cuando venga, sino para transformarlo en manifestación de amor.

9. Tú eres Iglesia que mola: que los árboles no te impidan ver el bosque

Con este epígrafe querría decir algo más sobre dos posturas que dificultan el acercamiento a la Iglesia por parte de los jóvenes (y no tan jóvenes).

La primera es la de quienes sostienen lo de «yo creo en Dios, pero no en la Iglesia», sin darse cuenta de que ese Dios en el que dicen creer es el mismo que ha instituido y querido dejarnos *su* Iglesia. No solo para garantizarnos su presencia y ayuda a través de Ella, sino porque la considera su Cuerpo, su Esposa.

Una postura de ese tipo suele responder a dos razones: o por querer hacerse una religión a la medida, por comodidad (entonces es tu religión y no la doctrina de Cristo), o porque a uno le tiran para atrás las malas acciones de aquellos que deberían ser luz y son tinieblas. En este caso, hay que saber que la Iglesia, como cualquier moneda, puede ser vista por la cara o por la cruz; es decir, la cara visible o la invisible.

Cuenta C. S. Lewis en su ingenioso libro *Cartas del diablo a su sobrino,* el siguiente diálogo entre el diablo *experimentado* (el tío) y el *principiante* (el sobrino): «En la actualidad, la misma Iglesia es uno de nuestros grandes aliados. No me interpretes mal; no me refiero a la Iglesia de raíces eternas, que vemos extenderse en el tiempo y en el espacio, temible como un ejército con las banderas desplegadas y ondeando al viento. Confieso que es un espectáculo que llena de inquietud incluso a nuestros más audaces tentadores; pero, por fortuna, se trata de un espectáculo completamente invisible para esos humanos: todo lo que puede ver tu paciente es el edificio a medio construir, en estilo gótico de imitación, que se erige en el nuevo solar»[101]. Lo mismo ocurriría si, en vez de ver esas piedras (lo visible), nos fijásemos solamente en los errores y delitos cometidos por quienes forman parte de ella o, incluso, la gobiernan. No podemos ser tuertos o bizcos. No podemos quedarnos en lo meramente externo. Los árboles no pueden impedirnos ver el bosque.

Dios, a través de la parte invisible, nos garantizará su presencia (sobre todo en la Eucaristía) y su ayuda (sobre todo a través de los sacramentos). Y eso es lo importante: la Iglesia nos transmite la vida de Dios[102]. Su belleza es Jesucristo. A través de lo visible, es *lógico que notemos las limitaciones e imperfecciones humanas*. Dios la fundó sobre el apóstol que le negó tres veces y la difundió en sus primeros pasos a través de quien antes la había perseguido a muerte. Me refiero a san Pedro y san Pablo. Es decir, la iglesia no está hecha de santos, sino de pecadores que luchan por serlo. Otra vez... la fragilidad.

Por eso, y sin restar un ápice de gravedad a esas acciones, tampoco podemos pasar por alto estas palabras del mismo Dios en quien dicen creer: «El que de vosotros esté sin pecado que tire la piedra el primero» (Jn 8, 7); «misericordia quiero y no sacrificio; pues no he venido a llamar a los justos sino a los pecadores» (Mt 9, 13), o aquellas dirigidas a Pedro, el primer Papa: «Te daré las llaves del Reino de los Cielos; y todo lo

---

101 C. S. LEWIS, *Cartas del diablo a su sobrino*, Espasa-Calpe 1977, p. 31.

102 Resulta imposible enumerar los bienes que, desde su fundación, Dios ha derramado sobre el mundo a través de su Iglesia. Sobre todo hablaríamos de los santos, de su dedicación a los más necesitados, a los enfermos, de su labor educativa, etc. Teniendo en cuenta que la mayoría de ellos nos resultan *invisibles*, han quedado entre cada hijo de Dios y su Padre.

que atares sobre la tierra quedará atado en los Cielos, y todo lo que desatares sobre la tierra, quedará desatado en los Cielos» (Mt 16, 19). Tenía razón san Cipriano: «No puede tener a Dios como Padre quien no tiene a la Iglesia como Madre»[103].

Es lógico que nos duelan y denunciemos todo abuso (más inaudito cuando quien lo comete estaba investido de autoridad), pero deberíamos sentir esas aberraciones como heridas infringidas en el propio cuerpo, en Cristo y, en la medida en que nosotros somos Él, en nosotros. Porque tú eres la Iglesia en la medida en que eres Cristo. Por tanto, no es que la Iglesia esté ahí y tú aquí. Si todo este libro tuvo su origen en el esfuerzo por ponerse en el *lugar del otro*, en el de los jóvenes, prueba a ponerte en el *otro lugar*. Porque la Iglesia eres tú y esas heridas las sufrimos todos sus miembros en carne propia (por eso nos duelen como nos duelen). E intentemos reparar el daño causado hasta poder decir en verdad con san Pablo: «Ahora me alegro de mis padecimientos por vosotros, y completo en mi carne lo que falta a la Pasión de Cristo en beneficio de su cuerpo, que es la Iglesia» (Col 1, 24).

Pasemos ahora a la segunda cuestión. A la afirmación de que «total, todas dicen lo mismo o casi». Un modo de pensar, como vimos en su momento, muy influenciado por el relativismo e indiferentismo religioso, y que hace más necesario hoy, si cabe, el esfuerzo por saber presentar el catolicismo en su singularidad.

Es verdad que, entre las religiones, hay muchas ideas comunes. Por ejemplo, intentan transmitir paz al hombre, le hablan de lo que hay tras la muerte, le ayudan a vivir con integridad, intentan facilitar la convivencia entre nosotros, etc. Pero aquí van algunas ideas (se las debo sobre todo a autores como Juan Pablo II, J. Ratzinger, C. S. Lewis, R. Guardini, V. Messori, etc.) que no solo hacen el catolicismo distinto, diferenciándolo del

---

103 an CIPRIANO, *De catholicae Ecclesiae unitate*, 6: PL 4, 502.

resto, sino único en la verdad plena. Por eso «tú eres Iglesia que mola»[104].

De entrada, en la religión católica **es Dios quien busca al hombre**, no el hombre quien busca a Dios. Toda la historia del mundo adquiere sentido en tal afirmación. Cristo es el Señor de la historia, su Creador, su principio y fin. La historia responde a un plan de amor (creación-redención-santificación) por parte de Dios que establece con los hombres, sus hijos, una alianza. Cristo es el Mesías esperado. No aparece de repente. Su llegada es preparada y esperada durante siglos.

F. Sheen habla de tres motivos de credibilidad en la divinidad de Jesucristo: que no nos revele nada contrario a la razón, que haga milagros y que sea anunciado. **Ser anunciado** lo considera un hecho importante, ya que marca una notable diferencia: el nacimiento de Buda, Confucio, Mahoma, etc., no fueron anunciados con anterioridad y, por tanto, nadie les esperaba, nadie los deseaba[105].

Además, solo Jesucristo llegó a afirmar: «Yo soy el Camino y la Verdad y la Vida; nadie va al Padre sino por mí» (Jn 14, 5-6). Ningún otro profeta o maestro en la historia se ha atrevido jamás a pronunciar semejante frase. Buda, Mahoma, Confucio, etc., solo han llegado a decir: «Yo os mostraré el mejor camino o el camino verdadero», pero nunca osaron identificarse con él, ni con la verdad, ni con la misma vida[106]. Y de ahí que la frase de Cristo no haga referencia a *un* camino, a *una* verdad y a *una*

---

104 No es este el lugar oportuno para entrar en la cuestión, ligada a esta sin duda, sobre la salvación fuera de la Iglesia. Simplemente cito parte del n. 16 de la *Lumen Gentium*: «Quienes, ignorando sin culpa el Evangelio de Cristo y su Iglesia, buscan, no obstante, a Dios con un corazón sincero y se esfuerzan, bajo el influjo de la gracia, en cumplir con obras su voluntad, conocida mediante el juicio de la conciencia, pueden conseguir la salvación eterna».

105 F. SHEEN, *o. c.*, pp. 70-72.

106 Resulta curioso señalar cómo, por contraste, la mayoría de los textos budistas hablan siempre de Buda con estos tres nombres: «el despierto», «el perfecto» y «el maestro de los dioses y los hombres».

vida cualquiera, sino que exprese *exclusividad ligada a su persona*. Nuestra ley moral es Persona.

C. S. Lewis lo explica así: «Lo que dice es muy diferente de lo que haya dicho cualquier otro maestro. Otros dicen: "Esta es la verdad sobre el mundo. Este es el camino que debes seguir". Pero Él dice: "**Yo soy el Camino, la Verdad y la Vida**". Él dice: "El que quiera guardar su vida la perderá y el que la pierda se salvará". Él dice: "Venid a mí los que estáis cansados. Yo os aliviaré. Yo soy la Resurrección. Yo soy la Vida. Yo soy vuestro alimento. Yo os perdono los pecados". Y, en resumidas cuentas, lo que nos está diciendo es: "No tengáis miedo. Yo he vencido al mundo". Esta es la cuestión».

Por eso, lo que Jesús ofrece no es el *nirvana* budista o hinduista ni el *yanna* islámico, sino compartir la misma vida de Dios ya en esta tierra. «Ven y sígueme», *vive mi vida*, este es su mensaje moral. Tanto el *nirvana* como el *yanna* responden, en el fondo, a que el mundo es malo y cuanto más indiferentes nos hagamos a él, más felices seremos. El proceso de felicidad acaba en el despego total del mundo. Pero lo que Cristo nos ofrece no es alejarnos del mundo, ni tratar de conseguir cierta paz, ni siquiera el ser buenas personas, sino el vivir, participar de su propia vida, es decir, *otra liga*. Porque la Vida y la Verdad están en el Camino, están en Él; son Él mismo. De ahí que R. Guardini diga en *La esencia del cristianismo*: «El cristianismo no es, en último término, ni una doctrina de la verdad, ni una interpretación de la vida. Es esto también, pero nada de ello constituye su esencia nuclear. Su esencia está constituida por Jesús de Nazaret, por su existencia, su obra y su destino concretos; es decir, por una personalidad histórica [...]. Ella [esa personalidad] determina todo lo demás, y tanto más profunda y ampliamente cuanto más intensa es la relación».

Pero si tuviésemos que citar un punto, un solo punto distintivo, este sería **la resurrección** de Cristo. No solo porque san Pablo ya reconocía que «si Cristo no ha resucitado, vana es nuestra predicación, vana también es vuestra fe» (1Cor 15, 14), sino porque ni Buda, ni Confucio, ni Mahoma… lo han hecho. La Resurrección da veracidad al resto de la obra de Cristo, a todas sus palabras y hechos. La Resurrección nos dice que el pecado, el sufrimiento y la muerte no tienen en nosotros la última palabra. Y eso… ¡sí que mola!

10. ¿NO ESTOY YO AQUÍ, QUE SOY TU MADRE?

Querría finalizar estas reflexiones con una referencia a la Virgen pensando especialmente en todos aquellos jóvenes que, por lo que sea, han sufrido y crecido dentro de una familia desunida. Cuando Cristo se encarnó, quiso pertenecer a una familia también en la tierra. Para ello escogió a María y a José[107].

Y, dentro de una familia, el papel de una madre es del todo singular. A ella le corresponde precisamente la unión, la tarea de acoger y unir a todos los miembros. Madre es la que une, la que más disfruta teniendo a todos sus hijos juntos. Salimos de ella y no acabamos nunca de dejar, de alguna manera, ese vientre materno. Ella es el *lugar* de acogida, un lugar seguro y próximo. Por tanto, este último mensaje sonaría así: «Tienes una madre; la mejor de las madres. Ella es tu Abogada, tu Consuelo, tu Auxilio, tu Intercesora, tu Refugio... ella es la Causa de tu alegría. La siempre disponible. La que espera que la llames». Las madres son siempre las más prontas a coger

---

107 A su Madre la hizo inmaculada y, el hecho de que san José, al inicio del Evangelio de Mateo, sea precedido por unas cuantas generaciones, nos habla de que el cielo «lo preparó» para hacer «las veces de padre». San José no fue lo mejor que *encontró* el cielo en la época de María, sino el elegido y preparado desde hacía muchas generaciones (al menos, según Mateo, desde Abrahán).

y devolver nuestras llamadas. Por tanto, todo lo que en estos nueve puntos hemos recordado, comenzando por esa necesidad de vivir con otros, lo podemos ver reflejado en María. Ella no nos dejará, ella «ruega por nosotros pecadores, ahora y en la hora de nuestra muerte»; Ella, que nos ama con locura, solidificará nuestra amistad con su Hijo.

En diciembre de 1531 la Virgen se apareció en cuatro ocasiones a un indio de 47 años llamado Juan Diego, en el cerro del Tepeyac, también conocido como de Guadalupe, situado a poca distancia de la ciudad de México. En una de esas ocasiones, Juan Diego, preocupado por la enfermedad de su tío, oyó estas palabras de su Madre: «Oye y ten bien merecido, hijo mío, el más pequeño, que es nada lo que te asusta y aflige; no se turbe tu corazón; no temas esa enfermedad ni otra alguna enfermedad o angustia. *¿No estoy yo aquí, que soy tu Madre?*[108] ¿Acaso no estás bajo mi sombra y amparo? ¿No soy tu salud? ¿No estás por ventura en mi regazo y entre mis brazos? ¿Qué más has menester?».

¡Cuántas veces, queriendo conseguir algo de nuestro padre, hemos acudido a la intercesión de nuestra madre! Porque ella es aquella con la que siempre podemos contar, a la que siempre podemos acudir, la que no nos hace esperar. Mirándola me dice lo mucho que valgo para su otro Hijo.

Cuenta un converso japonés: «Durante las vacaciones de primavera, entre el segundo y el tercer año de universidad, mi madre sufrió una apoplejía. Cuando llegué a la cabecera de su cama, no le quedaba más que un soplo de vida. Expiró mirándome con insistencia. Esa última mirada de sus ojos maternales desbarató completamente mi filosofía materialista. Los ojos de esa madre que me había criado, educado y amado hasta el fin, esos ojos me decían claramente que, incluso después de su muerte, estaría cerca de su querido Takashi. Yo miraba en esos ojos, yo, que había negado la existencia del alma, e instintiva-

---

108 Frase que actualmente se puede leer en el frontal de la Basílica de Guadalupe.

mente sentí que el alma de mi madre existía: se separaba de su cuerpo, pero, sin embargo, no perecería jamás»[109].

María estaba al pie de la cruz y Juan con Ella. «Jesús, viendo a su madre y al discípulo a quien amaba, que estaba allí, dijo a su madre: "Mujer, he ahí a tu hijo". Después, dice al discípulo: "He ahí a tu madre"» (Jn 19, 26-27). Desprendido ya de todo, nos entregó lo único que le quedaba: su madre, pero lo hizo poniéndose en el lugar de Juan. El Maestro en lugar del discípulo. Y, en Juan, estábamos tú y yo, toda la humanidad. Si quien tiene un amigo tiene un tesoro... ¡quien tiene una madre así...!

Era el día del estreno de la Ópera, en Madrid. La soprano, archifamosa, había arrastrado a las multitudes. Llegó el director del teatro y se excusó pidiendo comprensión a la audiencia, ya que la estrella se encontraba enferma y no podía representar aquella tarde. Dijo que, no obstante, otra gran soprano iba a cantar aquella noche. El público se enfadó...

La representación concluyó sin pena ni gloria, a pesar de la excelente calidad de la interpretación. Al final, unos pocos aplausos deslavazados y un silencio tenso acompañaban los saludos de la sustituta. Pero de pronto, de entre los palcos, una voz infantil se alzó gritando: «¡Mamá, eres maravillosa!», y se puso a aplaudir. La gente se dio cuenta de lo importante de aquella actuación para la pequeña y, poco a poco, se fueron sumando al aplauso; en unos segundos, toda la audiencia aplaudía de pie.

Quizás el grito de la pequeña y sus aplausos fueron la chispa que empezó a amortiguar su enfado y les impedía gozar de la belleza del canto... Pero en esa exclamación de la niña, todos reconocieron un valor más alto que el de una buena voz: el de la maternidad. El cristianismo, sin María, se quedaría huérfano de madre.

---

109 P. T. NAGAI, *La campana de Nagasaki*, capítulo 1, Oberon 1956.

EPÍLOGO
DESFILE DE MODELOS

Las grandes personalidades de la historia han sido los santos. Ellos son los que han dejado en esta vida un surco realmente extenso y profundo. Y el papa Francisco empleó la expresión «santos de la puerta de al lado» para referirse a «aquellos que viven cerca de nosotros y son un reflejo de la presencia de Dios» en el mundo, a aquellos que el Espíritu pone en nuestro camino, que despachan tras el mostrador de una frutería, que conducen un camión, que cambian el aceite de nuestro coche, que nos cortan el pelo, pero lo hacen viviendo volcados sobre los suyos y sobre los demás[110].

Pier Giorgio Frassati (1901-1925) fue un apasionado del monte; Maria Goretti (1890-1902) prefirió conservar su virginidad a ofender a Dios; Montse Grasses (1941-1959) llevó su dolorosa enfermedad con una sonrisa; Domingo Savio (1842-1857) fue un gran devoto de la Virgen; Chiara Badano (1971-1990), siempre generosa ante los más necesitados; Carlo Acutis (1991-2006), un enamorado de la Eucaristía... todos vivían *en la puerta de al lado.* Jóvenes proclamados santos o en proceso de canonización, santos que transmiten alegría en medio del

---

110 Papa FRANCISCO, Exhort. Apost. *Gaudete et exultate*, n. 7.

mundo. Santos que han sido frágiles, que han sabido disfrutar (incluso con la enfermedad), amar todo lo bueno; que han sido solidarios y cercanos a los necesitados, buenos profesionales, alegres, fieles a su fe, amigos personales de Jesucristo.

Y esta santidad, como hemos puesto de relieve en varias ocasiones, se transmite a los jóvenes, sobre todo, conociéndoles, acompañándoles. Tratando de serles cercanos, coherentes, con deseo de servirles, porque los miramos como esas promesas que Dios ha puesto en nuestro camino. Vivir con ellos de tal manera que perciban que, sin Dios, nuestras vidas serían una locura. Transmitir a ese Dios cercano, comprensible, exigente, misericordioso. Preocupémonos por quererles como Él sigue haciéndolo. Demos la vida por ellos dejando el resultado en manos de Dios. El ejemplo, el cariño, la cercanía, el estar hombro con hombro en los momentos duros, el afrontar las dificultades juntos, más que los planteamientos o las ideas, es lo que a la larga recordarán.

En *Tiempo de Dios*, Rosario Bofill narra que, tras varios años esforzándose por educar cristianamente a sus hijas, un día les preguntó si se acordaban de las veces que les había enseñado a dar las gracias o a pedir perdón y comprobó con asombro que lo habían olvidado. Sin embargo, una de las niñas (ya no tan niña en ese momento) le dijo: «Lo que yo sí recuerdo muy bien son los calcetines».

«¿Los qué?», preguntó su madre.

«Los calcetines. —Y explicó—: Tú venías por la mañana a despertarnos. Nosotras estábamos aún llenas de sueño y de pereza, y sacábamos solo un pie entre las sábanas. Entonces tú nos ponías un calcetín. Luego sacábamos el otro pie y nos ponías el otro, mientras nosotras nos íbamos despertando. De eso sí tengo un buen recuerdo».

Son muchas las palabras que entran por un oído y salen por otro, sin embargo, lo que logra tocar el corazón (aunque se trate de calcetines) perdura.

Hoy, la prisa, el activismo, el estrés, la búsqueda de resultados a corto plazo, etc. nos han dejado frutos amargos, pero también una sabrosa lección: la felicidad no la da el tener, el poder, el número de seguidores, ni siquiera el haber logrado cierta ausencia temporal del dolor. Todo eso, en el fondo, no llena. Ya lo decía G. Thibon: «El hombre es un ser que sufre de una fundamental imperfección, a quien nada colma completamente». El número de suicidios y de consumo de antidepresivos lo confirman. Por eso pienso que el estrés, la depresión, el materialismo, los éxitos de un día, etc. acabarán consiguiendo que nos paremos un poco y pensemos dónde realmente encontrar esa paz que ni la cuenta corriente, ni la fama, ni tanta movida logran proporcionarnos.

Hay quienes niegan que estemos en crisis. Hay quienes sostienen que siempre lo estaremos. Y hay quienes dicen que no merece la pena emplear esa palabra porque las crisis vienen y se van. Lo cierto es que la Iglesia se encuentra ante las mismas dificultades que el resto de instituciones, pero con una promesa divina que la asiste: «Las puertas del infierno no prevalecerán contra ella» (Mt 16, 18). Frase que «se suele entender como la promesa de que la Iglesia resistirá los ataques del enemigo, del demonio. Ciertamente, no faltan ni faltarán los ataques, y la Iglesia saldrá adelante. Pero si uno piensa en cómo eran las ciudades en tiempos de Jesús y durante muchos siglos después, caerá en la cuenta de que toda la ciudad mínimamente importante estaba amurallada, y tenía sus puertas de acceso. Con esta imagen en la cabeza, la promesa de Jesús cobra otro sentido. No es la Iglesia la que defiende, sino la que ataca. Y lo hace con la promesa de que el mal sucumbirá a la ofensiva de la Iglesia» [111]. Por eso, recordaba sabiamente J. H. Newman: «El cristianismo ha estado demasiadas veces en lo que parecía un fatal peligro como para que ahora nos vaya a aterrorizar una nueva prueba [...]. Son imprevisibles las vías por las que

---

111 J. AGUIREAMALLOA, *o. c.*, p. 221.

la Providencia rescata y salva a sus elegidos. A veces, nuestro enemigo se convierte en amigo; a veces, se ve despojado de la capacidad de mal que le hacía temible; a veces, se destruye a sí mismo; o, sin desearlo, produce efectos beneficiosos para desaparecer a continuación sin dejar rastro. Generalmente, la Iglesia no hace otra cosa que perseverar, con paz y confianza, en el cumplimiento de sus tareas, permanecer serena y esperar de Dios la salvación» (Bigliet. speech).

Por tanto, dejémonos de lamentaciones. Vivimos el mejor momento porque es nuestro momento, el único del que dispondremos. El mundo y la sociedad son y serán siempre imperfectos. Ayudémosles con nuestras oraciones y nuestro ejemplo. Dediquémosles tiempo con paciencia. Hacia Dios y hacia la religión, entre ellos, hay mucha más ignorancia que crítica. Ellos, frágiles; ellos, alegres; ellos, con deseos de hacer auténticas amistades; ellos, con ganas de autenticidad, son el futuro y, como decía Juan Pablo II: «La humanidad tiene necesidad imperiosa del testimonio de jóvenes libres y valientes que se atrevan a caminar contra corriente y a proclamar con fuerza y entusiasmo la propia fe en Dios, Señor y Salvador»[112].

---

112 San JUAN PABLO II, *Mensaje con ocasión de la XVIII Jornada Mundial de la Juventud* 2003.